THÈSE

POUR

LE DOCTORAT

DE
LA RESPONSABILITÉ CIVILE

DES

Propriétaires d'Automobiles

D'APRÈS LA JURISPRUDENCE

THÈSE POUR LE DOCTORAT

Présentée et soutenue le lundi 15 mars 1909 à 1 heure

PAR

Edouard LEMOINE

Président : M. WEISS, *professeur.*

Suffragants { MM. Ambroise COLIN, *professeur.*
CAPITANT, *chargé de cours.*

PARIS V

V. GIARD & E. BRIÈRE
LIBRAIRES-ÉDITEURS
16, Rue Soufflot, et 12, Rue Toullier

1909

FACULTÉ DE DROIT DE L'UNIVERSITÉ DE PARIS

DE

LA RESPONSABILITÉ CIVILE

DES

Propriétaires d'Automobiles

D'APRÈS LA JURISPRUDENCE

THÈSE POUR LE DOCTORAT

Présentée et soutenue le lundi 15 mars 1909 à 1 heure

PAR

Edouard LEMOINE

Président :   M. WEISS, *professeur.*

Suffragants { MM. Ambroise COLIN, *professeur.*
{ CAPITANT, *chargé de cours.*

PARIS V⁰

V. GIARD & E. BRIÈRE

LIBRAIRES-ÉDITEURS

16, Rue Soufflot, et 12, Rue Toullier

1909

A LA MÉMOIRE DE MON GRAND-PÈRE MATERNEL

MONSIEUR EDMOND PÉRUS

Lemoine   I

DE LA

Responsabilité civile des Propriétaires d'Automobiles

D'après la jurisprudence

AVANT-PROPOS

Le Salon automobile de 1908 nous a montré que la
plupart des constructeurs, renonçant à s'appliquer uniquement à la création de merveilles de mécanique ou
de confort, telles que voitures de course, rapides
limousines de voyage, luxueux coupés de ville, que seuls
peuvent s'offrir les enfants gâtés de dame Fortune, son-
geaient maintenant à utiliser les ressources de leur cer-
veau infatigable à l'établissement de châssis d'un prix
moins élevé.

Les fervents de l'automobilisme, déjà nombreux à
notre époque, vont donc augmenter encore.

Il nous a semblé que dans ces conditions la question

de la responsabilité civile des automobilistes était d'actualité et méritait une étude.

C'est cette étude que nous avons entreprise ; nous espérons faire œuvre utile et pratique en indiquant aux propriétaires d'automobiles dans quels cas la jurisprudence française les déclare responsables d'accidents qu'eux-mêmes ou d'autres personnes causent ou occasionnent.

Dans un premier chapitre, nous analyserons les textes qui réglementent la circulation des automobiles, ce qui nous permettra de préciser les obligations qui incombent au propriétaire dans la conduite de sa voiture, et dont l'inexécution engage sa responsabilité pénale et civile.

Au chapitre deuxième nous envisagerons la responsabilité civile du propriétaire, quand il conduit lui-même sa voiture.

Le chapitre troisième sera réservé à l'étude de cette même responsabilité, lorsque la voiture est aux mains d'une personne autre que le propriétaire.

Au chapitre quatrième nous exposerons la théorie objective de la responsabilité et nous conclurons en indiquant les réformes qui nous paraissent désirables en matière d'automobilisme.

CHAPITRE PREMIER

Analyse des textes qui régissent la circulation des automobiles

Les textes concernant la circulation des automobiles se répartissent en deux catégories.

La première comprend les décrets du 10 mars 1899, 11 septembre 1901, les arrêtés ministériels des 11 septembre 1901, 12 mars 1908 et les arrêtés que les préfets et les maires soucieux de la sécurité de leurs administrés peuvent prendre contre les automobilistes, en vertu des pouvoirs de police que leur confèrent la loi du 22 décembre 1789 (section III, art. 2, § 9), et la loi municipale du 5 avril 1884 (art. 91).

Dans la deuxième catégorie, il convient de ranger des textes plus anciens, promulgués à une époque où l'automobile n'était pas encore soupçonné : la loi du 31 mai 1851 et le décret du 10 août 1852 ; bien que relatifs à la circulation des véhicules autres que les automobiles, ils sont néanmoins applicables à ces derniers, aux termes de l'article 29 du décret du 10 mars 1899, ainsi conçu :

« Indépendamment des prescriptions du présent règlement, les automobiles demeurent soumis aux dispositions des règlements sur la police du roulage. »

Une analyse de ces textes, en commençant par les plus récents, nous permettra de déterminer les obligations du propriétaire d'un automobile.

Le décret du 10 mars 1899, modifié quant aux articles 5, 7 et 31 par celui du 11 septembre 1901, est divisé en trois sections : la première traite des automobiles circulant isolément, la seconde des automobiles remorquant d'autres véhicules, la troisième renferme des dispositions générales.

Seule, la première section fera l'objet de cette étude.

Dans les sept premiers articles de cette section se trouvent énumérées les conditions de sûreté que doit présenter le châssis de l'automobile avant d'être admis à circuler.

Les réservoirs, tuyaux et pièces quelconques destinés à contenir des produits explosifs ou inflammables doivent être établis de façon à ne laisser échapper aucune matière pouvant causer une explosion ou un incendie (art. 2).

Les appareils doivent être disposés de manière que leur emploi ne présente aucune cause particulière de danger, et ne puisse ni effrayer les chevaux, ni répandre d'odeurs incommodes (art. 3).

Vers l'avant, rien ne doit masquer la vue du conducteur (art. 4, p. 2).

Les organes de manœuvre (pédales, leviers de freins, de changement de vitesse) et les appareils indicateurs seront groupés le plus près possible du conducteur, afin qu'il puisse actionner les uns et consulter les autres en fort peu de temps et sans cesser de surveiller sa route (art 4). A notre avis, on aurait dû ajouter à l'article 4 : « sanss cessér de maintenir le corps droit » ; car le volant d'une automobile en grande vitesse étant aussi sensible que le guidon d'une bicyclette, le moindre mouvement du corps à droite ou à gauche, peut lui imprimer une fâcheuse direction.

L'article 5 prescrit que les automobiles doivent tourner avec aisance dans les courbes de petit rayon ; il semble que sur ce point leur construction laisse encore à désirer : qui de nous, en effet, ne s'est pas rendu compte des difficultés éprouvées par les chauffeurs pour faire tourner leur voiture dans nos rues si encombrées ? La plupart sont obligés d'employer la marche en arrière, qui est dangereuse.

L'article 6 exige que chaque automobile soit muni de deux freins indépendants l'un de l'autre, capables chacun séparément d'arrêter l'action motrice du moteur, et il précise que l'un de ces freins agira directement sur les roues ou sur des couronnes immédiatement solidaires de celles-ci, et sera assez puissant pour caler instantanément les roues.

Enfin, aux termes du paragraphe 2 de l'article 5 du décret de 1899, modifié par le paragraphe 1 de l'article 4 du décret du 11 septembre 1901, tout automobile dont le poids, à vide, excède 359 kilogrammes sera pourvu d'un dispositif permettant la marche en arrière.

Les diverses prescriptions énumérées ci-dessus intéressent surtout le constructeur de l'automobile. Si le châssis monté d'après ses plans est conforme à ces prescriptions, il constitue un « type ». Le ministre des Travaux publics dans sa circulaire du 10 avril 1899 (*Officiel* du 14 avril 1899) dit, en effet, que :

« Par type de véhicule, il faut entendre non seulement la nature de la source d'énergie, le système des appareils moteurs, mais *surtout* celui des organes de transmission, de freinage et de conduite ainsi que toutes les dispositions caractérisant la manière dont le véhicule satisfait aux prescriptions des articles 2 à 6 du décret du 10 mars 1899 ».

La constatation que la voiture répond aux exigences du décret, relève du service des mines. Sur la demande du constructeur (dans le cas où la voiture sort d'une usine française) ou du propriétaire (au cas où la voiture est de marque étrangère) un ingénieur des mines examine le châssis, dresse un procès-verbal de ses opérations, et remet une expédition de cette pièce au constructeur ou au propriétaire. Le décret prévoit le refus du fonctionnaire de rédiger le procès-verbal et décide que les intéressés pourront faire appel au ministre des Travaux publics qui statuera après avis de la Commission centrale des machines à vapeur.

La voiture une fois reconnue conforme aux règlements, le constructeur peut livrer au public un nombre quelconque de voitures identiques ; à chacune d'elles il donnera un numéro d'ordre dans la série à laquelle elle appartient ; il remettra à l'acheteur une copie du procès-verbal et un certificat attestant que la voiture est la reproduction du type.

Aux termes de l'article 1 du décret du 11 septembre 1901, ce certificat doit, en outre, indiquer le maximum de vitesse que l'automobile peut atteindre en palier.

Chaque voiture livrée portera en caractères bien apparents le nom du constructeur, l'indication du type et le numéro d'ordre dans la série du type, le nom et le domicile du propriétaire. Ces mentions suffiront si la vitesse de l'automobile ne peut dépasser 30 kilomètres à l'heure en palier ; au cas contraire le décret du 11 septembre 1901 exige en outre que la voiture soit pourvue à l'avant et à l'arrière d'une plaque d'identité portant un numéro d'ordre. Le ministre des Travaux publics, chargé par le décret de fixer le modèle de ces plaques, leur mode de pose et leur mode d'éclairage pendant la nuit, a pris à ce sujet les arrêtés du 11 septembre 1901 et 12 mars 1908.

Nous croyons qu'un automobile capable de filer plus de 30 kilomètres à l'heure doit avoir la plaque indiquant le nom et le domicile de son propriétaire et les deux plaques d'identité. Le paragraphe 3 de l'article 1 du décret du 11 septembre 1901, dit en effet : « Qu'il sera *ajouté* un avant-dernier paragraphe. » Nous nous rallions à l'avis exprimé par M. Haber dans sa thèse de 1903 : *L'Automobile devant la loi* : « Le décret du 11 septembre 1901, écrit cet auteur, en imposant à tout automobile susceptible d'une vitesse de plus de 30 kilomètres à l'heure, le port de plaques numérotées, n'a apporté aucune modification à l'article 7 du décret de 1899, en tant qu'il exige sur toute voiture automobile l'inscription du nom du propriétaire et son domicile.

M. Sainctelette est d'une opinion contraire, et cette opinion semble avoir été partagée par le tribunal correctionnel de la Seine le 26 avril 1904 (D. 1904.2.336) et par le tribunal de simple police de Neufchâteau dans un jugement du 30 octobre 1902 ; aux termes de ce dernier jugement « les automobiles assujetis au port de deux plaques numérotées ne sont pas astreints à l'obligation imposée aux voitures d'une vitesse inférieure à 30 kilomètres de porter en caractères apparents, le nom et le domicile du propriétaire. »

Telles sont les mesures de sûreté prescrites par les articles 2, 3, 4, 5, 6 et 7 du décret du 10 mars 1899 ; nous avons dit plus plus haut qu'elles intéressent surtout le constructeur de l'automobile.

Les articles 8 à 16 de la section qui nous occupe, imposent au propriétaire de l'automobile deux formalités et des mesures de prudence.

Voyons d'abord les formalités.

La première consiste dans la déclaration de la voiture.

Le propriétaire qui vient d'acheter un automobile ne peut le mettre en circulation sur les voies publiques, qu'après l'avoir déclaré au préfet du département où il réside (à Paris et dans le département de la Seine, au préfet de police, art. 34) et avoir obtenu un récépissé de sa déclaration. Il fait connaître au même fonctionnaire son nom et son domicile, et laisse entre ses mains une copie du procès-verbal dressé en vertu de l'article 7 ; ce procès-verbal permet en effet d'identifier la voiture, c'est en quelque sorte l'acte d'état civil des automobiles.

La seconde formalité n'est exigée du propriétaire de l'automobile qu'au cas où il veut conduire lui-même. Il ne peut se mettre au volant de sa voiture que s'il est porteur d'un certificat délivré par le préfet du département sur l'avis favorable du service des Mines. Il subit à cet effet un examen au cours duquel il doit faire preuve de qualités d'habileté et de sang-froid ainsi que de connaissances théoriques et pratiques. La sécurité de la circulation nécessitait cette mesure : il eût été imprudent de confier au premier venu la direction d'une voiture aussi dangereuse qu'un automobile.

Muni du récépissé de sa déclaration et du certificat de capacité, deux pièces qui doivent être présentées à toute réquisition de l'autorité compétente, le propriétaire d'un automobile a la liberté de circuler sur toutes les routes de France. Mais, redoutant d'une part sa négligence et de l'autre ce que l'on est convenu d'appeler la folie de la vitesse qui s'empare de nombre de conducteurs, le décret du 10 mars 1889 lui donne dans les articles 13 à 17 quelques sages conseils sur l'entretien et la conduite de sa voiture.

Le propriétaire doit veiller au bon état d'entretien des divers organes du moteur, des appareils de sûreté, de la commande, de la direction, des freins, des transmissions de mouvement, des essieux ; s'assurer par l'usage du bon fonctionnement des deux systèmes de freinage.

La vitesse, cause si fréquente d'accidents, fait l'objet d'une réglementation tellement minutieuse qu'un auteur récent a pu dire avec juste raison que si cette réglementation était observée. les accidents d'automobiles deviendraient impossibles. L'article 14 prescrit au conducteur de rester constamment maître de sa vitesse, de ralentir ou même d'arrêter toutes les fois que le véhicule pourrait être une cause d'accident, de désordre ou de gêne pour la circulation, de ramener la vitesse à l'allure d'un homme au pas dans les passages étroits ou encombrés. Le maximum de vitesse autorisé est de 30 kilomètres à l'heure en rase campagne et de 20 kilomètres à l'heure dans les agglomérations.

Par agglomérations, il faut entendre, toute réunion continue de maisons, bordant l'un et l'autre côté de la route suivie par l'automobiliste. Ainsi un hameau est une agglomération (1).

---

1. Trib. correct. Grenoble, 18 novembre 1905. D. 1905. 2. 479.

L'article 15 enjoint au conducteur d'automobile de munir l'avant de sa voiture d'un feu blanc et d'un feu vert, de signaler l'approche de son véhicule au cas de besoin au moyen d'une trompe, et l'article 16 lui recommande de ne jamais le quitter sans avoir pris les précautions utiles pour prévenir tout accident, toute mise en route intempestive et tout bruit du moteur.

Nous avons signalé au début de ce chapitre comme textes sur la circulation des automobiles, les arrêtés municipaux et préfectoraux. Leur objet consiste presque uniquement à imposer aux automobilistes un maximum de vitesse inférieur à celui autorisé par l'article 14 du décret de 1899.

On peut douter qu'un maire ou un préfet puisse légalement modifier les dispositions d'un règlement d'administration publique. Le ministre des Travaux publics songeait bien à restreindre sur ce point les pouvoirs de police conférés aux maires par la loi du 5 avril 1884, et aux préfets par la loi du 22 décembre 1789, lorsqu'il déclarait au numéro 17 de sa circulaire du 10 mars 1899 que les règlements sur la circulation des automobiles édictés par l'autorité préfectorale ou municipale disparaissaient *de plano* devant le règlement d'administration publique du 10 mars 1899. Le tribunal de simple police de Châlon-sur-Saône se conforma à l'esprit de cette circulaire dans un jugement du 26 juin 1902 ; mais sur pourvoi formé contre ce jugement, la Chambre criminelle de la Cour de cassation a décidé le 15 janvier 1903 (D. 1904. I. 534) que :

« L'arrêté municipal qui détermine pour la commune, comme mesure de sûreté complémentaire et à raison des nécessités particulières de la circulation locale, un maximum de vitesse inférieur à la vitesse interdite par le décret, ne touche en rien aux dispositions de ce règlement, et rentre dans l'exercice et dans les limites des pouvoirs conférés aux mêmes municipalités par la loi organique du 5 avril 1884, dont l'article 97 leur confie comme premier objet le soin d'assurer la commodité du passage dans les voies publiques de la commune ».

L'exemple ci-dessus nous montre qu'un maire peut interdire aux automobilistes de marcher à l'allure permise par le décret. La réciproque est-elle vraie ? Le maire ou le préfet ont-ils le droit de modifier le décret de 1899 dans un sens plus favorable aux chauffeurs ? Un maire peut-il par exemple les autoriser à traverser sa commune à 30 kilomètres à l'heure ? Non, à notre avis, car l'arrêté qu'il prendrait serait nettement en contradiction avec le décret de 1899 dont les dispositions visent à assurer la sécurité et la commodité de la circulation. Le maire qui permettrait aux automobilistes de parcourir les rues de sa commune à une vitesse de 30 kilomètres à l'heure, ne servirait pas les intérêts bien compris de ses concitoyens.

Le tribunal correctionnel de Montmédy a jugé en ce

sens à propos d'un arrêté préfectoral; aux termes de ce jugement en date du 4 décembre 1900 (D. 1903. 2. 133) :

« L'approbation donnée par le préfet au tableau de marche des voitures automobiles de son département ne soustrait pas celles-ci à l'application du décret du président de la République, réglementant la circulation des automobiles, une semblable approbation ne pouvant être donnée que sous réserve implicite d'observer les lois et règlements qui régissent la matière; en conséquence est passible d'une amende, le conducteur d'un automobile qui marchant à une allure supérieure à celle prévue au décret, écrase un animal sur la voie publique, *alors même que la vitesse de la voiture n'excéderait pas celle autorisée par le préfet du département* ».

La circulation des automobiles n'est pas seulement réglementée par les décrets de 1899 et 1901, les arrêtés ministériels, préfectoraux et municipaux, elle est encore soumise aux prescriptions de la loi du 30 mai 1851 et du décret du 10 août 1852 sur la police du roulage.

Voici les deux principales : 1° « Tout roulier ou conducteur doit se ranger à sa droite à l'approche de toute autre voiture, de manière à lui laisser libre au moins la moitié de la chaussée » (art. 9) ; « 2° Il est interdit de laisser stationner sur la voie publique sans nécessité aucune voiture attelée ou non attelée » (art. 10). Le décret vise sans doute le stationnement qui serait une gêne pour la circulation, par exemple le cas où un conducteur arrêterait sa voiture au milieu de la chaussée. Si on ne faisait pas cette hypothèse, la disposition que nous relatons serait en contradiction avec celle de l'article 16 du décret du 10 mars 1899, qui semble supposer le stationnement.

Nous avons ainsi terminé l'analyse des textes relatifs à la circulation des automobiles. Il nous est facile d'en conclure quels sont les devoirs du propriétaire (ou du conducteur) d'un automobile.

Enumérons-les :

1º Etre toujours porteur du récépissé de déclaration de la voiture, et du certificat de capacité ; exhiber ces pièces à toute réquisition ;

2º Munir l'automobile : 1º de la plaque indiquant le nom du conducteur, la série du type auquel appartient la voiture et le numéro d'ordre dans cette série ; 2º des deux plaques d'identité prévues par l'article 1, § 3 du décret du 11 septembre 1901, si la vitesse de la voiture peut dépasser 30 kilomètres à l'heure en palier ; éclairer dès la chute du jour la plaque d'identité placée à l'arrière ; pour le mode d'éclairage adopter un dispositif conforme aux indications fournies par le ministre des Travaux publics dans les arrêtés des 11 septembre 1901 et 12 mars 1908 ;

3º Placer à l'avant de l'automobile, deux feux, l'un blanc et l'autre vert ;

4° Ne pas dépasser la vitesse de 30 kilomètres à l'heure en rase campagne et 20 kilomètres dans les agglomérations ; vérifier à la limite de chaque département ou à l'entrée de chaque commune, si ce maximum n'a pas été réduit par un arrêté préfectoral ou municipal, et éviter de dépasser la vitesse autorisée dans le département ou la commune ;

5° Tenir toujours sa droite et doubler à gauche ;

6° Annoncer l'approche du véhicule au moyen d'une trompe, toutes les fois que les circonstances semblent l'exiger ;

7° Ralentir et même arrêter le mouvement, quand la présence du véhicule pourrait être une cause d'accident ou de gêne pour la circulation ;

8° Ramener la vitesse à celle d'un homme au pas dans les passages étroits ou encombrés ;

9° Entretenir avec soin le moteur, les appareils de sûreté, les commandes de direction et de freins, les essieux ;

10° S'assurer souvent du bon fonctionnement des freins ;

11° Veiller à ce que le moteur ne provoque par un bruit excessif la frayeur des chevaux et ne dégage ni fumée intense ni odeurs incommodes ;

12° Ne pas quitter la voiture, sans avoir arrêté le moteur et bloqué les freins.

Le propriétaire d'automobile qui, pour n'avoir pas observé les prescriptions ci-dessus aura commis ou occasionné involontairement un homicide, ou bien aura blessé une personne, sera responsable pénalement en vertu des articles 319 et 320 du Code pénal, et sera tenu en outre aux termes des articles 1382 et 1383 du Code civil de payer à la victime ou à sa famille une certaine somme représentant la réparation pécuniaire du dommage matériel résultant de l'accident.

Au cas où l'accident survient alors que l'automobile n'est pas conduit par le propriétaire lui-même, mais soit par une personne dont il doit répondre aux termes de l'article 1384 du Code civil, comme son fils mineur, son domestique, soit par une personne dont il n'est pas présumé responsable par la loi, comme sa femme, un locataire, un emprunteur, un intermédiaire, la responsabilité pénale n'est plus encourue par le propriétaire, car il n'est pas l'auteur du fait délictueux, mais il reste tenu d'indemniser la victime ou sa famille.

C'est cette obligation de réparer pécuniairement le dommage qui constitue la responsabilité civile du propriétaire d'automobile.

Nous allons l'étudier au chapitre deuxième quand le propriétaire lui-même est au volant de sa voiture.

CHAPITRE II

Responsabilité civile du propriétaire d'automobile quand il conduit lui-même sa voiture

On a pu se rendre compte par l'analyse faite au chapitre premier des textes relatifs à l'automobilisme que ces textes ne concernent que la partie administrative de ce nouveau mode de locomotion. Il n'y en a aucun qui traite de la responsabilité civile de l'automobiliste. En cette matière, c'est donc le droit commun qui s'applique, tel qu'il résulte des articles 1382 et 1383 du Code civil.

Ces articles s'expriment ainsi :

Tout fait quelconque de l'homme qui cause à autrui un dommage, oblige celui par la faute duquel il est arrivé à le réparer (1382).

Chacun est responsable du dommage qu'il a causé non seulement par son fait, mais encore par sa négligence ou par son imprudence (1383).

D'après ces deux articles, il faut donc pour que le propriétaire d'un automobile soit responsable, trois conditions :

1° Qu'il ait commis une faute ;

2° Que cette faute ait causé un dommage ;

3° Que ce dommage ait atteint une personne déterminée.

1ᵛ La faute est la violation de l'obligation légale de ne pas nuire à ses semblables ; elle peut être un acte positif ou un acte négatif.

Pour que la faute engage la responsabilité de son auteur, il est nécessaire qu'elle ait été commise à un moment où celui-ci jouissait de la plénitude de ses facultés mentales et pouvait apprécier le dommage que sa faute allait entraîner. Un fou, un jeune enfant qui trompant toute surveillance se mettraient au volant d'un automobile, et causeraient des accidents ne seraient pas personnellement responsables.

Nous n'en dirons pas autant du chauffeur pris de boisson ; sans doute l'ivresse est un état physique voisin de la folie, et à ce titre rendrait irresponsable le chauffeur ; mais la faute de l'automobiliste ivre consiste précisément à avoir abusé de la boisson ; or c'est à cette faute que l'accident est imputable, et il doit par suite être reconnu responsable.

2° Pour donner lieu à responsabilité, la faute doit avoir eu pour conséquence un dommage appréciable en argent. « Le dommage, dit M. Planiol, est la condition pour que la faute soit réprimée par le droit. »

Le dommage purement moral, basé sur la douleur provoquée par la perte d'une personne aimée suffit-il pour donner droit à une indemnité ? Sur ce point, les civilistes ne sont pas d'accord : les uns prétendent l'affirmative et citent à l'appui de leur opinion certains arrêts qui ont alloué des indemnités pécuniaires à des personnes diffamées, ou à des parents de victimes d'accidents de chemins de fer ; les autres, et c'est à leur avis que nous nous rangeons, estiment que la douleur ne suffit pas pour demander une indemnité, car elle n'est pas appréciable en argent. Nous croyons donc que si un individu est tué par un automobile, l'action en dommages-intérêts intentée par sa famille contre le propriétaire de la voiture n'est pas recevable si elle se fonde uniquement sur le lien de parenté et si elle ne se réclame pas d'un préjudice matériel.

3º Il faut enfin que le dommage ait atteint une personne déterminée. Sans cela la répression de la faute rentrerait dans le domaine de la législation pénale ; il n'y a délit civil que s'il y a dommage personnel.

Pour obtenir une indemnité, la victime (ou ses parents en cas de décès) doit : 1° prouver la faute de l'automobiliste ; 2º établir le rapport de cause à effet entre la faute commise et le dommage résultant de l'accident ; 3° évaluer ce dommage.

C'est à elle de faire la preuve de la faute, car elle est créancière d'une obligation légale négative (le débiteur, l'auteur de l'accident est tenu de ne pas nuire à autrui) et elle ne peut rien réclamer tant que le fait de la contravention à l'obligation n'est pas établi. « La preuve du fait contraventionnel est la condition nécessaire de toute condamnation contre le débiteur (1). »

C'est sur les articles 1382 et 1383, que nous venons de commenter, que la jurisprudence fonde la responsabilité civile du propriétaire d'automobile.

Elle est unanime pour décider, que la responsabilité de l'automobiliste n'est engagée que s'il y a faute de sa part (2).

En quoi cette faute peut-elle consister ? La Cour de Rouen nous fournit la réponse. Dans un arrêt du 2 avril 1898 (D. 1899. 2. 295) elle a déclaré : « que le conducteur d'automobile ne saurait encourir de responsabilité qu'autant qu'il serait établi qu'il a commis une faute personnelle par inadvertance, imprudence, inattention, négligence ou inobservation des règlements » (3). L'inadvertance est l'état d'un esprit qui ne prend point garde, l'inattention, l'état d'un esprit dont l'attention ne se fixe pas, l'inadvertance est presque toujours un fait isolé, l'inattention peut être un état habituel. L'inattention et l'inadvertance sont une des formes de la négligence.

Quant à l'inobservation des règlements, suivant la nature et l'importance des prescriptions qu'ils édictent,

---

1. Planiol, t. II, n° 839.

2. Trib. civil de Nancy, 16 février 1898. — Cour d'appel de Toulouse, 21 décembre 1898.

3. Dans le même sens voy. Cour de Grenoble, 18 novembre 1905. — Tribunal de Paix, Paris, 1er juin 1906. — *La Loi* du 2 juin 1906. — Trib. de commerce de la Seine, 14 mars 1900. — *La Loi* du 4 mai.

elle constitue une négligence ou une imprudence.

Toutes les fautes qu'on peut relever à la charge des automobilistes rentrent donc dans la catégorie des négligences ou dans celle des imprudences.

Il faut, pour qu'il y ait responsabilité du fait d'une négligence ou d'une imprudence, « que cette négligence ou cette imprudence soit la cause génératrice certaine de l'accident » (Même arrêt de la Cour de Rouen).

Nous allons passer en revue les cas de négligence et d'imprudence de nature à engager la responsabilité du propriétaire d'automobile.

A. — NÉGLIGENCES

I. — LE PROPRIÉTAIRE N'EST PORTEUR NI DU RÉCÉPISSÉ DE SA DÉCLARATION, NI DU CERTIFICAT DE CAPACITÉ

Aux termes d'un arrêt de la Chambre criminelle de la Cour de cassation (4), l'obligation de déclarer la voiture incombe au propriétaire, et celle d'être muni du récépissé au conducteur : nous supposons que le propriétaire conduit en personne, il doit donc avoir sur lui ce récépissé ; il est en faute et aggrave sa responsabilité, s'il ne peut le présenter à toute réquisition.

Même situation pour le propriétaire, s'il n'est pas porteur du certificat de capacité délivré par le préfet.

Le tribunal de simple police de La Fère a jugé :

---

4. 2 décembre 1905. *Gaz. du Pal.*, 1905. 2. 613.

« Que le fait de n'avoir pas déclaré sa voiture ou de n'avoir pas un certificat de capacité constitue à la charge du propriétaire de la voiture une présomption de maladresse, incapacité et imprudence. »

A notre avis, c'est plutôt une négligence qu'une imprudence. Le propriétaire peut parfaitement avoir rempli les deux formalités prescrites par le décret de 1899, mais oublier, négliger de prendre avec lui les pièces qui justifient aux yeux de l'autorité qu'il s'est conformé aux règlements.

Jugé également par le tribunal d'Orléans le 28 novembre 1899 (D. 1900. 2. 253) que le conducteur d'un motocycle engage sa responsabilité, s'il ne peut exhiber un certificat de capacité : nous pouvons tirer argument de cette décision, car une jurisprudence constante assimile les motocycles, tricycles (véhicules à moteur mécanique), aux automobiles (1).

Cette prescription est tellement rigoureuse qu'il a été jugé par la Chambre criminelle de la Cour de cassation que le propriétaire, candidat au certificat de capacité, qui se rend au lieu de l'examen, sur sa voiture, en la conduisant lui-même, contrevient à la disposition de l'article 11 du décret du 10 mars 1899.

-----

1. Trib. de simple police Paris, 29 octobre 1898.

II. — L'automobile ne porte pas les plaques d'identité prescrites par le décret du 11 septembre 1901. — Ces plaques ne sont pas conformes aux modèles fixés par les arrêtés ministériels des 11 septembre 1901 et 12 mars 1908. — Ni feu blanc, ni feu vert a l'avant de la voiture. — Défaut d'éclairage des lanternes et des plaques

Tout automobile susceptible de faire plus de 30 kilomètres à l'heure en palier porte deux plaques d'identité, l'une à l'avant, l'autre à l'arrière. Ces plaques dont deux arrêtés ministériels ont déterminé les dimensions et le mode de pose et d'éclairage, forment un fond noir sur lequel se détachent en blanc les lettres et les chiffres qui constituent le numéro d'ordre, et qui doivent avoir une hauteur et une épaisseur fixées par les mêmes arrêtés.

Le fait d'inscrire à la craie sur la plaque le numéro d'ordre ne constitue pas une contravention, car l'arrêté ministériel exige simplement la reproduction des numéros en caractères blancs sur fond noir (1). Il faut toutefois que les chiffres et les lettres marqués à la craie soient conformes au règlement en ce qui concerne la hauteur et l'épaisseur ; sinon il y aurait contravention. Ainsi jugé par le tribunal de simple police de Paris le 23 janvier 1907. (D. 1907. 5. 32.)

---

1. Trib. correct. de la Seine, 26 avril 1904. D. 1904. 1. **336**.

Si en cours de route, un accident détériore la plaque d'avant, la plaque d'arrière restant intacte, la contravention n'est pas encourue (1).

Dès la chute du jour, le conducteur doit allumer à l'avant de sa voiture un feu blanc et un feu vert, et éclairer la plaque d'identité d'arrière. Le temps de nuit s'étend entre le coucher et le lever du soleil ; c'est une question de fait que les tribunaux apprécient souverainement. Nul doute que le défaut d'éclairage n'engage la responsabilité civile du propriétaire, quand cette négligence est la seule cause d'un accident.

Les feux blanc et vert ne doivent pas projeter une lumière aveuglante (ordonnance de police du 3 mai 1905) et, par lumière aveuglante, le tribunal de simple police de la Seine a décidé le 14 février 1906 qu'il fallait entendre une lumière dont l'éclat est suffisant pour qu'un observateur placé à plus de cinq mètres de l'avant et les apercevant soudain, éprouve l'impression d'aveuglement ; ce jugement a été rendu sur les conclusions d'un rapport de l'ingénieur-expert Plessix.

III. — Défaut d'entretien

L'article 13 du décret du 10 mars 1899 recommande au propriétaire d'automobile d'entretenir en bon état les divers organes du mécanisme moteur, les appa-

---

1. Trib. simple police de la Seine, janvier 1906. *Lois et Sports*, 1906, p. 285.

reils de sûreté, la commande de la direction, les freins, les transmissions et les essieux, de vérifier fréquemment par l'usage le fonctionnement des deux systèmes de freinage. Cette règle, dont la sanction pénale est nulle, influe beaucoup sur la responsabilité civile.

Supposons en effet qu'en cours de route, une roue de l'automobile vienne à se détacher et aille blesser une personne, ou bien que le volant de la direction se mettant à tourner follement, le conducteur n'étant plus maître de sa machine, cause des dégradations à la façade d'un magasin, ou enfin que la commande des freins n'obéisse pas et que le conducteur ne puisse ainsi s'arrêter à temps pour éviter de renverser un piéton, le propriétaire de la voiture actionné en justice ne pourra pas, pour dégager sa responsabilité, alléguer un cas de force majeure. « Vous êtes en faute, dira le tribunal, vous devez, avant de sortir avec votre voiture, vous assurer qu'elle fonctionne d'une manière parfaite, que les écrous en sont serrés et les freins réglés. » Le tribunal pourra même faire appel à la science d'un expert pour fixer sa religion.

La Cour de Nancy a jugé qu'une compagnie de tramways était pleinement responsable d'un accident occasionné par une de ses voitures dont les freins n'avaient pas obéi par suite d'un défaut de réglage, « alors surtout qu'elle avait été mise par son wattman au courant de cet état de choses défectueux ». (22 décembre 1899.

D. 1900. 2. 379.) A plus forte raison, un automobiliste doit-il veiller au bon fonctionnement de ses freins.

L'article 2 du décret de 1899 prescrit que les réservoirs de la voiture doivent être construits de façon à ne laisser échapper aucune matière pouvant déterminer une explosion ou un incendie.

Au chapitre premier nous avons dit que cet article intéressait surtout le constructeur; nous croyons qu'il crée également une obligation au propriétaire. Si en pleine campagne l'essence fuit des réservoirs, met le feu à la voiture, et que ce feu se communique à des meules de paille, par exemple, le propriétaire doit indemniser le cultivateur auquel elles appartiennent; à lui de s'assurer de la parfaite étanchéité de ses réservoirs. Le fait par un automobile de prendre feu n'est pas un cas fortuit ; la cause de l'incendie se trouve toujours dans une faute du propriétaire.

Nous croyons utile de signaler aux propriétaires qu'ils doivent vider entièrement les réservoirs de leur automobile, lorsqu'ils chargent une compagnie de chemins de fer de le transporter. Les articles 21 et 66 de l'ordonnance du 15 novembre 1846 sur la police des chemins de fer, défendent, en effet, d'admettre dans les convois portant des voyageurs aucune matière pouvant causer des explosions ou des incendies.

La Chambre civile de la Cour de Lyon a jugé le 3 juillet 1899 (D. 1900. 2. 162) que si l'automobile remis avec ses réservoirs remplis à une compagnie, vient au cours du transport à être détruit par un incendie, son propriétaire n'est pas recevable à demander des dommages-intérêts.

Le même arrêt décide que la compagnie dont le fourgon de marchandises a brûlé en même temps que la voiture, n'a pas de recours contre le propriétaire pour le remboursement de la valeur de ce fourgon, « alors que l'attention plus vigilante des employés aurait révélé que la voiture n'était pas tout à fait vidée, alors surtout qu'il n'est pas démontré que l'explosion de l'automobile ait précédé l'incendie ou en ait été la cause ».

Le dégagement de fumées et d'odeurs incommodes provient aussi d'un défaut d'entretien. S'il est difficile de supposer un accident dû à des odeurs incommodes, on comprend fort bien que le dégagement de fumée puisse en provoquer un.

Il arrive souvent qu'un cheval se cabre au passage d'un automobile laissant derrière lui un nuage de fumée bleuâtre et nauséabonde, et blesse des personnes dans sa course effrénée. Nous croyons que c'est le propriétaire de l'automobile, et non celui de l'animal qui est responsable des dégâts occasionnés sans doute par la bête en émoi, mais dont la cause première se trouve dans la fumée d'une anormale intensité que le moteur a dégagée ; s'il avait réglé le débit d'huile d'une manière satisfaisante, il n'y aurait eu ni fumée, ni accident.

A propos des odeurs incommodes, nous nous permettons une courte incursion sur le droit pénal. Faisant table rase du principe de la personnalité des peines, qui s'oppose à ce que la responsabilité du fait d'autrui ait un caractère pénal et s'étende au delà de la responsabilité purement civile, la Chambre criminelle de la Cour de cassation a, le 15 mars 1907 (D. 1907. 1. 277), rendu e propriétaire d'un automobile, qui avait dégagé des odeurs incommodes, pénalement responsable, alors même qu'il ne se trouvait pas au volant de sa voiture au moment où la contravention fut dressée.

Voici dans quelles circonstances cet arrêt est intervenu :

Un automobile conduit par un mécanicien au service d'un particulier avait dégagé des odeurs. Contravention fut dressée, et le propriétaire cité en simple police comme civilement responsable de son mécanicien, fut renvoyé des poursuites par le président du tribunal, parce que le fait de dégager des odeurs incommodes dépendait du graissage et, par conséquent, du conducteur de la voiture, et qu'il n'y avait pas là infraction à une obligation inhérente à la propriété. Le ministère public se pourvut en cassation et la Cour admit le pourvoi pour les motifs suivants :

«Attendu que le jugement de simple police déclare que l'on ne saurait voir dans le fait poursuivi une infraction inhérente à la propriété de la voiture, le dégagement d'odeurs incommodes provenant toujours d'un excès de graissage incombant au conducteur qui seul est à même de régler le débit d'huile ; attendu que ce motif d'ordre général est en contradiction formelle avec la dispositon de l'article 3 du décret du 10 mars 1899 et ne permet pas d'autre part de reconnaître s'il existe en l'espèce une faute personnelle du conducteur ; que, par suite, il y a eu violation des textes de lois visés au moyen. Par ces motifs, casse et renvoie... »

La Chambre des requêtes de la Cour de cassation avait le 3 février 1906 (D. 1906.1.184) déclaré elle aussi que le propriétaire d'une voiture automobile, même dans le cas où il ne conduit pas lui-même sa voiture, est pénalement responsable de l'inobservation des prescriptions du décret du 10 mars 1899, qui ordonne de disposer les véhicules de telle manière que leur emploi ne puisse répandre des odeurs incommodes.

IV. — Bruit

Le propriétaire qui néglige de prendre les précautions suffisantes pour atténuer le bruit de son moteur (qui n'adapte pas à sa voiture un silencieux, comme le prescrit (pour Paris et le département de la Seine) l'ordonnance du 3 mai 1905) est responsable de l'accident que ce bruit peut occasionner.

C'est ici le lieu d'étudier la responsabilité encourue

par le conducteur d'un automobile quand il rencontre sur son chemin des chevaux qui s'effraient.

Si le bruit, cause de la frayeur de l'animal, est excessif (la question de la plus ou moins grande intensité du bruit est une question de pur fait, laissée à l'appréciation des juges, qui pourront à cet effet s'entourer de tous renseignements utiles, entendre des témoins, ordonner une expertise), le propriétaire de l'automobile est responsable de l'accident produit par la bête en émoi.

Si le bruit est normal, c'est le propriétaire du cheval effrayé qui supporte les conséquences de l'accident ; sa responsabilité est fondée sur l'article 1385 du Code civil. La jurisprudence a posé en effet le principe que les chevaux doivent être habitués aux automobiles ; ils ne doivent être mis en circulation qu'après qu'un minutieux dressage les a familiarisés au contact des automobiles.

A propos d'un accident causé par la frayeur d'un cheval de la compagnie générale des voitures, la Cour de Paris a rendu l'arrêt suivant :

« On ne doit mettre un cheval en service dans Paris qu'après s'être assuré par un dressage spécial qu'il est habitué aux bruits et aux mouvements ordinaires des rues de la ville; le passage d'un automobile est un incident trop fréquent pour constituer un cas fortuit imprévu des loueurs et les exonérer des accidents causés par leurs chevaux et mis en principe à leur charge par l'article 1385 du Code civil (1 et 2).

Est-ce à dire que la responsabilité du propriétaire d'automobile soit pleinement dégagée ? Oui, si la frayeur du cheval se produit au moment précis où l'automobile le croise ; non, si bien avant le passage de l'automobile le cheval a manifesté des signes d'inquiétude qui n'ont pu laisser aucun doute au conducteur de l'automobile ; celui-ci engage en effet sa responsabilité, s'il néglige dans ce cas de prendre des précautions spéciales. Cette distinction ressort des nombreuses décisions de tribunaux.

Le tribunal civil de la Seine a, le 16 février 1898 (*Gaz. Trib.*, 12 Mars 1898) jugé :

« Que la responsabilité des conducteurs ne peut être engagée, lorsque l'accident qu'il n'était pas en leur pouvoir d'empêcher, provient, non de leur fait, mais de la seule présence du véhicule qui a déterminé chez le cheval pris de peur une surexcitation très rapide et en quelque sorte instantanée. Il en est ainsi, lorsqu'il n'est pas allégué que les voitures,

---

1. Cour de Paris, 14 décembre 1906. *Lois et Sports*, 1907, p. 5.

2. Jurisprudence bien sévère.

On condamne le propriétaire du cheval, en vertu de l'article 1382, pour avoir mis en service un cheval non habitué aux bruits ; on le condamne encore en vertu de l'article 1385, quand sa bête cause un accident, alors qu'elle est soumise au dressage.

Pour dresser un cheval, il faut le mener dans des endroits fréquentés, on ne peut l'habituer à tous les bruits de la rue en le laissant à son écurie.

Ne devrait-on pas atténuer la responsabilité du propriétaire de l'animal, quand il prouve qu'au moment où l'accident s'est produit, il dressait son cheval ?

au moment de l'accident, marchaient à une allure excessive, *que leur bruit fût exceptionnel et que le cheval à une certaine distance des véhicules ait donné des signes d'effroi* (1).

Au cas où le cheval manifeste de la frayeur, quelles sont donc les précautions qui s'imposent au conducteur de l'automobile ?

Le jugement du tribunal civil de la Seine précité nous les indique :

« Le conducteur doit s'arrêter ou modérer dans la mesure du possible le bruit de ses appareils. »

Même avis de la Cour d'Orléans le 28 novembre 1899. (D. 1900. 2. 253) :

« Est en faute le conducteur d'un motocycle qui, croisant une voiture attelée d'un cheval effrayé à l'approche de la machine, ne ralentit pas sa vitesse ou même ne s'arrête pas malgré les avertissements du cocher et provoque ainsi un accident dont celui-ci est victime. »

Donc le conducteur d'automobile engage sa responsabilité, si à la vue d'un attelage qui semble prendre peur à son approche, il ne fait pas cesser le bruit même normal de son moteur, s'il ne ralentit pas son allure et même ne s'arrête. Et d'ailleurs s'il ne prenait pas ces mesures de prudence, il contreviendrait aux

---

1. Dans le même sens, Cour de Rouen, 2 avril 1898. D. 1899. 2. 295. Trib. cor. Tours, 30 janvier 1902 (cité dans Haber).

dispositions de l'article 14 du décret du 10 mars 1899.

« Cet article ne dit-il pas, que le conducteur ralentira ou même arrêtera le mouvement toutes les fois que le véhicule pourra être une cause de désordre, de gêne pour la circulation ou d'accident. »

Ces prescriptions doivent être observées par le conducteur de l'automobile, même quand le cocher a mis pied à terre pour calmer son cheval effrayé.

Si, malgré toutes ces précautions (cocher maintenant sa bête, conducteur d'automobile ralentissant son allure ou s'arrêtant) un accident se produit, la responsabilité en incombe au propriétaire de l'animal (art. 1385 du C. civ.).

Si le cheval par exemple, en reculant, cause des dégradations à l'automobile, c'est à son propriétaire d'en payer le montant. Ainsi jugé par le tribunal de Bourg le 12 février 1904 :

« Attendu, dit le tribunal, que le 26 avril 1903, B... se trouvant avec sa voiture sur la route de Certines à Lens, aperçut O... qui arrivait en sens inverse avec un automobile ; que le cheval de B... ayant manifesté quelque frayeur, B... descendit de voiture et saisit son cheval par la bride, l'arrêta, invitant ainsi O... qui avait considérablement ralenti son allure, à continuer sa route, ce que fit ce dernier en voyant devant lui un espace suffisant ; mais qu'arrivé à la hauteur de la voiture de B..., le cheval recula, et l'arrière de la voiture fit à l'au-

tomobile d'O... d'appréciables dégâts ; *attendu qu'en ces circonstances aucune imprudence ne peut être reprochée à
O... qui s'est conformé au décret du 10 mars 1899*, et
que l'on ne trouve pas la présence d'un cas fortuit ou de force
majeure ; attendu que l'on ne peut reprocher à B... aucune
imprudence de son fait personnel, il n'en résulte pas moins
que l'accident est le fait de son cheval, jeune, fougueux,
soumis à ce moment au dressage ; que par suite, il se trouve
conformément à l'article 1385 du Code civil, responsable du
dommage causé par son animal » (1).

B. — IMPRUDENCES

La responsabilité du propriétaire d'automobile résulte encore d'imprudences, et parmi celles-ci, il faut
ranger l'excès de vitesse, le fait de ne pas suivre le
côté réglementaire, celui de ne pas annoncer l'approche du véhicule par une trompe, celui enfin de quitter
la voiture sans avoir pris les précautions édictées par
l'article 16 du décret du 10 mars 1899.

I. — Vitesse

La vitesse est la cause la plus fréquente des accidents
d'automobiles. Depuis longtemps une allure exagérée a

---

1. Dans le même sens, trib. correct. d'Avignon, 12 juin 1905. *Lois
et Sports*, 1906, p. 129.

été considérée par les tribunaux comme une imprudence.

Trente ans avant l'apparition des automobiles, la
Cour de cassation décidait que :

« Le fait de conduire une voiture avec une trop grande
rapidité constituait une imprudence, dont les suites dommageables engageaient la responsabilité du conducteur. (Cassation, 1er décembre 1868.) »

« Le fait de parcourir les routes à une vitesse excessive,
qui ne laisse ni aux gens, ni aux animaux le temps matériellement nécessaire pour se garer, constitue une imprudence.
Ceux qui se livrent sur la voie publique à une locomotion trop
accélérée, le font à leurs risques et périls et, alors qu'aucune autre faute n'est démontrée encourent toute la responsabilité des accidents que peut déterminer leur passage (1). »

Quand pourra-t-on dire qu'un automobile marche à
une allure exagérée? Quel est le critérium entre une vitesse normale et une vitesse trop grande ? La jurisprudence est unanime pour déclarer excessive toute vitesse
supérieure à celle fixée par le décret du 10 mars 1899.

Le tribunal de Chalon-sur-Saône, ayant à juger un
chauffeur, qui à une vitesse de 80 kilomètres à l'heure
avait renversé un cantonnier, a rendu ce chauffeur
pleinement responsable, *parce qu'il était évident qu'il*

---

1. Trib. civ. de Montbéliard, 15 décembre 1899. *Gaz. du Palais*,
1900. 1. 86. — Trib. de Paix de Paris, Ve arrond., 15 septembre 1905.

avait été la cause de l'accident par son imprudence, et son inobservation des règlements en allant à une vitesse supérieure à 30 kilomètres à l'heure, etc. (13 juillet 1906) (1).

Comment constater que la vitesse d'un automobile dépasse 20 ou 30 kilomètres à l'heure ? Nous nous heurtons ici à une grave difficulté pratique.

Les tribunaux n'ont le plus souvent pour former leur opinion à ce sujet que des dépositions de témoins et des procès-verbaux de gendarmes ou d'agents de police. A la barre le témoin vient toujours déclarer « que la voiture allait très vite, qu'il a eu à peine le temps de la voir ». Les gendarmes se bornent à mentionner dans leurs procès-verbaux, avec une complète bonne foi, « que la voiture faisait certainement plus de 30 kilomètres à l'heure ». Aucune précision ni des témoins ni des gendarmes ; quant au chauffeur il soutient évidemment qu'il ne dépassait pas la vitesse réglementaire.

Dans ces conditions, on comprend que les juges se montrent fort circonspects, et repoussent les appréciations basées sur des impressions relatives et incertaines.

Le juge de paix de Neufchâteau dans un jugement du 3 octobre 1902 n'a pas voulu condamner un conduc-

_____

1. Même décision du trib. civ. de la Seine, 26 octobre 1905. *Lois et Sports*, mars 1906, p. 130.

teur, prévenu d'excès de vitesse, sur un simple procès-
verbal de gendarmes, qui énonçait sans preuve à l'appui que ce conducteur dépassait 30 kilomètres à l'heure :

« Attendu, disait-il, que le procès-verbal de gendarmerie
est ainsi conçu : « Nous avons vu l'automobile n° 117 marcher, en entrant à Neufchâteau, au lieu dit les Cinq-Ponts,
à une vitesse exagérée » (30 km. à l'heure) ;

Attendu que le prévenu nie avoir dépassé une vitesse de
20 kilomètres à l'heure ;

Attendu qu'il ne ressort pas des énonciations du procès-
bal sus-énoncé, preuve suffisamment certaine de la contravention de vitesse exagérée, réprochée au prévenu ; que
rien de précis n'y est indiqué. permettant au juge d'apprécier sainement les circonstances consécutives de la pré-
vention pour baser équitablement un jugement de condamnation ;

Qu'on n'y découvre que la simple impression toute personnelle du lieutenant de gendarmerie, dépourvue de tout élé-
ment de contrôle permettant d'en vérifier l'exactitude, et
par suite insuffisante à établir la contravention. »

De même la simple déclaration d'un témoin n'a pas
permis à la Cour de Rouen (1) de condamner un automobiliste prévenu d'avoir dépassé l'allure de 20 kilomètres à l'heure :

*« Attendu qu'il ne résulte nullement de l'enquête ni des
pièces du procès que le conducteur ait dépassé le maxi-*

---

1. 2 avril 1898, D. 1899. 2. 295.

mum de 20 kilomètres à l'heure ; que sans avoir à rechercher si, comme le prétend le conducteur, son véhicule à moteur à pétrole ne peut matériellement marcher à plus de 18 kilomètres à l'heure, il ressort de l'ensemble des témoignages recueillis qu'il marchait à une allure de 16 à 20 kilomètres ; qu'un seul témoin se trouvant dans l'automobile déclare, il est vrai, qu'il devait faire de 20 à 25 kilomètres ; mais *que ce n'est là qu'une appréciation sans précision suffisante* pour établir que F... ait en réalité contrevenu aux dispositions de l'arrêté préfectoral en ce qui concerne la vitesse. »

Il faut donc pour que l'excès de vitesse engage la responsabilité de l'automobiliste, que la preuve en soit rapportée d'une manière précise soit par des déclarations d'agents verbalisateurs, soit par des dépositions de témoins, présentant toutes garanties d'exactitude et se basant sur un moyen de contrôle certain.

L'excès de vitesse une fois établi, les tribunaux se montrent sans pitié pour les conducteurs d'automobiles. Ils rendent ceux-ci responsables même de l'écrasement des chiens causé par eux sur la voie publique. Le tribunal de la Seine (7e Chambre) a déclaré responsable de la mort d'un chien un automobiliste qui marchait à une allure exagérée (7 avril 1905) (1).

Ces décisions apportent une aggravation voulue à la responsabilité des automobilistes, car la jurisprudence se plaît à proclamer l'irresponsabilité, quand le conduc-

____

1. Dans le même sens. Trib. simple police de Boulogne-sur-Mer, 23 octobre 1905. D. 1906. 5. 56. — Trib. civil de Pontarlier, 26 novembre 1903. *Gaz. du Pal.*, 1903. 2. 658.

teur marche à une allure modérée (1). Si le chien est renversé et écrasé par la voiture, la responsabilité en incombe au maître du chien, qui doit surveiller sa bête et l'empêcher de gambader sur la chaussée au gré de ses caprices. Le juge de paix de Marmande a nettement indiqué cette obligation du propriétaire de chiens dans un jugement du 15 novembre 1904 ainsi motivé :

« Attendu que les témoins sont unanimes à reconnaître qu'O... en traversant la ville de Castres marchait à *une allure très modérée*, et que le chien victime de l'accident se trouvait sur la route à un mètre environ du trottoir de droite lorsque l'automobile l'a renversé ;

Que dans aucune des dépositions, on ne trouve la preuve de l'imprudence ou de l'inexpérience du chauffeur ; que pour découvrir une faute, il faudrait prétendre que O..., ayant vu le chien, l'a volontairement écrasé, ce qui est inadmissible, et n'est d'ailleurs ni articulé ni prouvé ;

Qu'en conséquence, le propriétaire du chien en le laissant divaguer sur la voie publique a seul commis l'imprudence dont cet animal a été victime. »

Nous avons jusqu'à présent supposé que le chien était la victime de l'automobiliste ; l'inverse se produit quelquefois.

Un chien surgissant tout à coup devant la voiture oblige le conducteur à imprimer au volant de la direction un brusque changement, et voilà l'automobile jeté

---

1. Trib. civil de Nancy, 9 juin 1905. D. 1905. 5. 40.

contre un mur ou précipité dans un fossé, avec les personnes qui la montent.

A qui incombe la responsabilité de l'accident?

Une distinction s'impose à notre avis.

L'automobile allait-il à une allure égale ou inférieure à celle autorisée par le décret de 1899 ? Le propriétaire du chien est seul responsable ; s'il avait tenu son chien en laisse, l'accident ne se serait pas produit. (Art. 1385 C. civ.) Prouve-t-on au contraire que la vitesse de la voiture dépassait 30 kilomètres à l'heure ? Nous croyons qu'il y a partage de responsabilité. Le propriétaire du chien est en faute de n'avoir pas maintenu l'animal à ses côtés, celui de l'automobile de n'avoir pas conservé une allure qui lui aurait permis de s'arrêter rapidement sur une très courte distance.

La jurisprudence, qui se montre si sévère à l'égard des automobilistes lorsqu'ils écrasent des animaux, ne les ménage pas, à plus forte raison, quand leurs victimes sont des personnes.

L'excès de vitesse dans ce cas suffit à lui seul à entraîner la condamnation du chauffeur. Le tribunal correctionnel de Nice le 26 juin 1906 jugeait un automobiliste qui avait renversé un piéton ; celui-ci avait succombé à ses blessures : le tribunal condamna l'automobiliste, parce que :

« Aucune faute n'avait pu être relevée à la charge du piéton ; que l'accident, qui avait causé sa mort était dû unique-

ment à l'excès de vitesse de l'automobile, donc à la faute **du**
conducteur, et que certainement si l'automobile avait roulé
à une allure normale et non désordonnée, ce déplorable
accident ne serait pas survenu. »

Le juge de paix du V⁰ arrondissement de Paris, a lui
aussi déclaré que le fait de parcourir une rue en automobile à une vitesse excessive qui ne laisse ni aux piétons, ni aux autres véhicules le temps nécessaire pour
se garer, entraîne à lui seul, en cas d'accident survenu à
un passant, la responsabilité du conducteur, *sans qu'il
soit nécessaire d'établir aucune autre faute particulière* (1).

La responsabilité de l'automobiliste subsiste encore,
quand tout en roulant à une allure modérée, il ne se
conforme pas aux mesures de prudence que lui dicte
l'article 14 du décret du 10 mars 1899 ; ralentir ou
même arrêter le mouvement toutes les fois que le véhicule pourrait être une cause d'accident, de désordre ou
de gêne pour·la circulation.
Ces mesures de prudence qu'un jugement du tribunal
civil de Nancy (9 juin 1905) l'autorise à ne pas prendre
vis-à-vis des chiens, il doit les observer vis-à-vis des
personnes. Le texte ne précise pas dans quel cas l'automobiliste doit ralentir ou arrêter ; « toutes les fois

---

1. Just. de Paix. Paris, V⁰ arrond., 19 avril 1907. *Gaz Trib.*, 21 avril
1907.

que... » formule vague, large, qui laisse aux tribunaux toute latitude pour apprécier souverainement les circonstances.

Voici quelques exemples que nous fournit la jurisprudence :

1° L'automobiliste qui aperçoit de loin de jeunes enfants sur la route qu'il parcourt, doit prévoir le mouvement d'effroi instinctif qui peut porter un de ces enfants, après s'être réfugié sur l'une des banquettes latérales de la route, à chercher à rejoindre ses compagnons sur l'autre banquette, puis à revenir vers la première comme vers l'abri le plus proche.

Par suite il est pleinement responsable de l'accident qui a causé dans ces circonstances la mort instantanée de cet enfant, alors d'ailleurs qu'il ne s'est pas préoccupé comme la prudence lui en faisait un devoir, et comme l'article 14 du décret du 10 mars 1899 lui en imposait l'obligation, de ralentir, au besoin d'arrêter la marche de sa machine au moyen des freins dont il disposait.

Ainsi jugé par la Cour d'appel de Grenoble le 18 novembre 1905. (**D.** 1905. 2. 479-480.)

2° Même s'il ne roule qu'à la vitesse d'un homme au pas, même s'il a averti de son arrivée par des sons de trompe un piéton marchant sur la chaussée, le chauffeur est responsable de l'accident qu'il cause à ce dernier, et cela quoique le piéton en vue, dûment averti, ait négligé de se ranger ou même s'y soit refusé. Le chauffeur avait le devoir de s'arrêter (1).

3° Responsable encore l'automobiliste, lorsqu'il atteint un piéton qui à son approche ne sachant de quel côté se garer se porte tantôt à droite, tantôt à gauche de la route. Il devait ralentir et s'arrêter (2).

L'automobiliste n'est reconnu irresponsable par les tribunaux de l'accident qu'il cause à un piéton que s'il établit qu'il marchait à une allure modérée, en suivant toutes les prescriptions réglementaires, qu'il lui a été impossible de prévoir le sinistre, et que ce dernier est dû à l'inattention ou à l'étourderie de la victime. Le tribunal de la Seine avait à juger le 22 février 1907 un chauffeur qui avait blessé un piéton : aucune négligence, aucune imprudence n'était relevée contre l'automobiliste, mais d'un rapport de police dressé après l'accident, il résultait que le piéton, pressé de prendre un omnibus, avait traversé la rue sans s'inquiéter si un obstacle quelconque s'opposait à son passage, qu'il s'était en quelque sorte jeté sous l'automobile ; l'automobiliste fut acquitté et le piéton qui réclamait une certaine somme à titre de dommages-intérêts, débouté de sa demande.

Aux termes de l'article 14 du décret de 1899, le conducteur d'automobile doit ramener la vitesse à celle

---

1. Jugement du trib. de Paix du V⁰ arrond. de Paris, 1ᵉʳ juin 1906, longuement motivé. (*La Loi* du 2 juin 1906.)

2. Justice de Paix du XVII⁰, 14 novembre 1905.

d'un homme au pas dans les passages étroits ou encombrés. Il appartient au juge du fait d'apprécier si le lieu de l'accident constitue un passage étroit ou encombré. Signalons à ce sujet qu'un arrêt de la Cour de Bordeaux a considéré comme tel un passage à niveau (1).

II. — Obligation de suivre le coté réglementaire

Le conducteur d'une voiture doit se ranger à droite à l'approche de tout véhicule de manière à lui laisser libre la moitié au moins de la chaussée (art. 9, décret de 1852). Il commet une imprudence quand il occupe le milieu ou le côté gauche de la route, contrairement au règlement (Cour de cassation, 1er décembre 1868), et les suites dommageables de cette imprudence engagent sa responsabilité.

D'après le décret de 1852 le voiturier n'est obligé de prendre sa droite qu'au cas où il se rend compte qu'il va être croisé ou dépassé par une voiture. Il peut donc quand il ne voit aucun véhicule devant lui et qu'il n'en entend pas venir derrière, tenir le milieu ou la gauche de la chaussée ; les paysans de nos campagnes ne se font pas faute de laisser leurs attelages occuper le milieu de la route, et ils ne songent à les garer qu'à la dernière minute et après de nombreux avertissements de la part du conducteur de la voiture qui vient à leur rencontre.

---

1. Bordeaux, 30 décembre 1904. La loi du 21 février 1905.

Le décret de 1852 suffisait jadis à assurer la sécurité de la circulation : les grandes routes de France n'étaient alors parcourues que par les lourds camions des entreprises de roulage et par les diligences que les chemins de fer n'avaient pas encore partout supplantées. Le roulier qui somnolait sur son siège avait toujours le temps suffisant pour prendre la droite à l'approche d'une voiture.

De nos jours, tout est changé : les routes sont sillonnées à grande vitesse (à plus de 30 kilomètres à l'heure !) par des touristes qui préfèrent les moelleux coussins de leurs luxueuses limousines de voyage aux compartiments pourtant si confortables de nos trains rapides. Sans doute, disent-ils des voyages en automobile ce que Jean-Jacques pensait des voyages à pied : « On s'appartient, on est libre, on est joyeux, on est tout entier et sans partage aux incidents de la route, à la ferme où l'on déjeune, etc... On part, on s'arrête, on repart, rien ne gêne, rien ne retient. »

Les charretiers n'ont plus le temps matériel de se garer, à peine sont-ils tirés de leur sommeil par les sons de trompe d'un automobile que celui-ci, suivant une expression courante, est sur eux.

Le danger est plus grand encore pour un conducteur d'automobile qui, marchant à grande allure au milieu de la chaussée, voit brusquement surgir devant lui un autre automobile filant lui aussi à toute vitesse ; à peine les deux conducteurs se sont-ils aperçus que déjà ils se croisent. La collision est presque inévitable.

Il semble donc dans ces conditions qu'il faudrait imposer à tout conducteur l'obligation constante de tenir sa droite, et de suppléer soit par une loi nouvelle, soit par des arrêtés préfectoraux aux dispositions du décret de 1852 qui ne répond plus aux exigences de la circulation actuelle si intense et si rapide Il n'y aurait, à notre avis, qu'à rendre applicable dans toute la France une disposition judicieuse contenue au paragraphe 4 de l'ordonnance du 10 juillet 1900 qui réglemente pour Paris et les communes du ressort de la préfecture de police la circulation des véhicules sur la voie publique. Cet article 4 est ainsi conçu :

« Le conducteur d'un véhicule quelconque devra toutes les fois qu'il n'y aura pas d'obstacle, prendre la partie de la chaussée qui se trouvera à sa droite, alors même que le milieu de la chaussée serait libre. Aussitôt que l'obstacle qui l'aura forcé à dévier à gauche sera dépassé, il devra reprendre sa droite. Quand un conducteur devra tourner dans une rue à gauche, il devra le faire en gardant toujours sa droite. »

C'est sur cet article 4 que le tribunal correctionnel de la Seine s'est basé le 13 novembre 1905 pour condamner un chauffeur qui, à l'angle du boulevard Lannes et de l'avenue de la Grande-Armée, avait renversé une voiture de place et blessé le cocher, en allant à une vitesse exagérée et en tenant sa gauche.

Même en présence du décret de 1852, qui n'impose pas l'obligation de tenir la droite d'une manière constante, la Cour d'Amiens, le 27 juin 1905, sur l'appel d'un jugement du tribunal civil d'Abbeville en date du 31 janvier de la même année, a consacré dans son arrêt cette obligation, en déclarant responsable d'un accident survenu à un piéton, un automobiliste qui avait quitté sa droite dans le but d'éviter ce piéton. Voici dans quelle circonstance : un conducteur d'automobile aperçoit sur la chaussée un piéton qui la traverse ; il corne, mais le piéton reste sourd à ses appels. L'automobiliste oblique rapidement sa voiture vers la gauche, espérant passer dans l'espace compris entre le piéton et le trottoir gauche. Ayant mal apprécié la distance qui le séparait du piéton et la largeur de l'espace entre le piéton et le trottoir gauche, il happe au passage le piéton et le blesse. La Cour d'Amiens constate dans son arrêt que l'automobiliste avait le devoir de s'arrêter, et elle ajoute qu'*en se portant à gauche pour éviter le piéton au lieu de garder sa droite*, il a fait une fausse manœuvre, dont les conséquences engagent sa responsabilité.

Il y a encore imprudence de la part d'un automobiliste à ne pas doubler à gauche une voiture qu'il veut dépasser.

Il n'est pas écrit en toutes lettres dans le décret de 1852 qu'un conducteur doive doubler à gauche, mais cette obligation résulte implicitement de ce fait que le décret enjoint (dans son article 9) au conducteur de se ranger à droite à l'approche d'un véhicule ; c'est donc que le conducteur de ce dernier doit passer à gauche.

L'ordonnance du 10 juillet 1900 elle aussi est muette en ce qui concerne l'obligation de doubler à gauche ; mais l'article 4 prescrivant à tout conducteur de reprendre sa droite dès que l'obstacle qui l'aura fait dévier à gauche sera dépassé, indique bien que c'est à gauche qu'il doit dépasser cet obstacle.

Le tribunal civil de la Seine, le 23 juin 1906, a condamné un conducteur d'automobile qui en voulant dépasser à droite un automobile l'avait heurté et précipité dans la Seine.

Nous croyons que c'est à gauche également qu'un conducteur doit dépasser un piéton ou un cycliste (1).

Avant de doubler à gauche, le conducteur a trois précautions à prendre : 1° s'assurer que le passage qui se trouve compris entre le véhicule qu'il veut dépasser et le trottoir gauche ou un autre véhicule venant en sens inverse, est suffisamment large ; 2° vérifier s'il n'est suivi d'aucune voiture ou monture quelconque à laquelle il barrait brusquement le chemin ; 3° faire retentir son signal d alarme pour avertir le conducteur de la voiture qui se trouve devant lui d'appuyer vers la droite. S'il

------

1. Trib. civ. Tours. 5 novembre 1897. D. 1901. 1. 41. — Trib. civ. Seine, 8 novembre 1905. *Lois et Sports*, 1905, p. 79. — En sens contraire l'arrêt de la Cour d'Amiens précité.

omet ces mesures de prudence, il est responsable en cas
d'accident (1).

III. — Signal d'avertissement

Tout conducteur a le devoir de signaler son approche,
toutes les fois que l'arrivée subite de son véhicule pourrait être une cause d'accident.

L'article 15 du décret de 1899 mentionne cette obligation et prend soin de ne pas indiquer d'une manière
limitative dans quelles circonstances déterminées le
conducteur est tenu de faire fonctionner son signal
d'avertissement. Il laisse donc pleine liberté aux juges
pour apprécier si, dans un cas donné, un conducteur
aurait dû corner ou pouvait s'en dispenser.

Il a été jugé par le tribunal civil de Lyon, le 4 juillet
1903, que le conducteur d'un automobile qui veut doubler
une voiture doit faire retentir son signal d'alarme. Le
chauffeur qui avait manqué à cette obligation a été
rendu responsable par ce tribunal de la mort d'un chien
qui suivait la voiture non prévenue.

L'usage de la trompe, d'après le tribunal de paix de
Quimper, est obligatoire quand l'automobile aborde un
coude prononcé de la route, afin d'avertir les personnes

---

1. Voir pour le premier cas : Trib. de com. Seine, 13 mars 1900 (*La
Loi* du 4 mai 1900) ; pour le deuxième, Lyon, 4 juillet 1903 (thèse
Arnette, 1908) et, pour le troisième, Trib. civ. Seine, 1re Ch., 14 janv.
1901.

qui se trouvent de l'autre côté de ce coude ; l'automobiliste est responsable quand un promeneur, surpris par sa soudaine apparition au tournant de la route, n'a pu rappeler son chien qui a été écrasé par l'automobile(1).

De même obligation de corner à un croisement de routes (2).

Au cas où le conducteur constate qu'un premier avertissement de trompe reste sans effet, il a le devoir de réitérer son appel, et si ses appels successifs ne sont pas écoutés il doit prendre des mesures de précaution supplémentaires, ralentir son allure et même s'arrêter quand il a pu constater qu'un accident était inévitable. Il ne met pas sa responsabilité à couvert par le fait seul qu'il donne les avertissements nécessaires (3).

L'usage tardif de la trompe engage la responsabilité du conducteur ; c'est une imprudence de ne corner qu'à quelques mètres de la personne qu'on veut prévenir ; celle-ci, en effet, non seulement n'a pas le temps nécessaire pour se garer, mais encore s'affole et souvent ou bien reste sur place ou bien va se précipiter sur l'automobile. Le tribunal correctionnel de Lyon dans un jugement du 2 janvier 1907 a déclaré que : (4).

« Si le chauffeur a l'obligation de signaler sa présence, lorsqu'à une certaine distance il aperçoit un groupe de per-

---

1. Quimper, 6 juin 1906. *Gaz. Pal.*, 18 juillet 1906.
2. Cour de Nancy, 4 décembre 1896. D. 1897.2.276.
3. Trib. de paix Ve arrond. Paris, 15 septembre 1905.
4. *Gaz. Pal.*, 19 janvier 1907.

sonnes, il commet une imprudence caractérisée en lançant un appel de trompe, *lorsqu'il n'est plus qu'à quelques mètres derrière lui* (1). »

Imprudence encore, l'abus de l'usage de la trompe Nombre d'automobilistes à la vue d'une voiture attelée ou d'un troupeau commettent la faute de faire fonctionner leur signal avertisseur à la hauteur du cheval ou des animaux composant le troupeau ; ceux-ci s'effraient et viennent parfois se jeter sur l'automobile auquel ils causent des dégats. Nous estimons, que l'automobiliste est mal fondé à réclamer au propriétaire du cheval ou du troupeau des dommages-intérêts ; il doit supporter les conséquences d'un accident que son coup de trompe donné mal à propos et tout à fait inutile a seul déterminé.

Notons qu'à Paris une ordonnance du 3 mai 1905 a interdit l'abus de la trompe (2).

IV. — Inobservation de l'article 16 du décret du 10 mars 1899

Les imprudences que nous avons jusqu'à présent relevées contre l'automobiliste sont par lui commises pendant la marche de sa voiture. Il en est une dernière dont le conducteur se rend coupable, lorsque sa voiture

---

1. Voir aussi C. de Lyon, 18 mai 1906. D. 1907. 5. 24.
2 . Voir aussi tribunal civil Seine, 11 juillet 1900.

est à l'arrêt. L'article 16 du décret du 10 mars 1899 la
prévoit :

« Le conducteur ne devra jamais quitter le véhicule sans
avoir pris les précautions utiles pour prévenir tout accident,
toute mise en route intempestive, et pour supprimer tout
bruit du moteur. »

Le tribunal de commerce de la Seine a condamné un
automobiliste dont la voiture, momentanément arrêtée
dans une rue très en pente et abandonnée sans que les
précautions de l'article 16 eussent été prises, s'était
mise tout à coup en marche et avait causé des accidents (1). Avant de s'éloigner de son véhicule, quelque courte que puisse être la durée de son absence, le
conducteur doit donc arrêter son moteur (débrayer suivant une expression technique) et bloquer ses freins. Il
est toujours à craindre en effet qu'un passant ne touche
aux leviers de manœuvre, et ne provoque ainsi le
départ de l'automobile.

Comme conclusion de ce chapitre, nous croyons pouvoir dire que les décrets du 10 mars 1899 et du 11 septembre 1901 ont réglementé la circulation des automobiles avec une minutie telle que la cause de tout
accident se trouve dans l'inobservation d'une de leurs
prescriptions ; cela explique que les tribunaux ne reconnaissent en faveur des automobilistes ni cas fortuits,

---

1. 28 février 1906. *La Loi* des 6-7 mai 1906.

ni cas de force majeure. Nous ne les voyons pas considérer comme tels ni le mauvais fonctionnement d'un organe de la voiture, ni même le dérapage. De nombreux jugements ont rendu les propriétaires d'automobiles responsables du dérapage (1). A l'automobiliste qui, pour dégager sa responsabilité, soutient que le dérapage est dû à l'état humide et gras du pavé, les tribunaux objectent que sa parfaite connaissance du danger lui faisait un devoir de prendre toutes les précautions nécessaires pour l'éviter et notamment de ralentir sa vitesse et de ne marcher qu'à une allure très modérée.

L'explosion du moteur n'est pas non plus, d'après la jurisprudence un cas fortuit de nature à libérer le propriétaire de toute responsabilité. La 7e Chambre du tribunal civil de la Seine a rendu le 10 juin 1902 la maison Peugeot responsable de l'incendie d'une ferme provoqué par l'explosion du moteur d'un de ses automobiles.

« Attendu, porte ce jugement, que quels que soient les services rendus par l'usage des véhicules, automobiles, et l'avenir réservé à cette industrie nouvelle les personnes qui es emploient et s'en servent sont soumises à la loi commune et tenues de réparer d'après l'article 1382 du Code civil les dommages qu'elles occasionnent ;

---

1. Trib. civil de la Seine, 1re Ch., 14 janvier 1901 cité dans la thèse de M. Savoye, 1908. — Même tribunal, 1er mars 1905, 4e Ch. *Lois et Sports*, août 1905, p. 44. — 4 janvier 1899. — 13 juillet 1896.

Attendu, que dans l'espèce l'explosion des moteurs à essence de pétrole de la machine n'a pu être déterminée que par des vices de construction ou des excès de chauffage ;

Attendu, au surplus, que ceux qui emploient ces moteurs n'ignorent pas les dangers qu'ils font courir aux propriétés contiguës ou riveraines ; que c'est à eux sous peine d'être en faute de prendre surabondamment toutes les précautions nécessaires pour les prévenir ;

Attendu, en admettant même que la science fût, quant à présent, impuissante à prévenir ces accidents, les automobilistes n'en seraient pas moins obligés d'indemniser les propriétaires incendiés. »

Certains tribunaux ont fait endosser aux automobilistes la responsabilité des dégradations que cause aux vêtements des piétons l'éclaboussement provoqué par le passage de leur voiture (1). Tout éclaboussement suppose une chaussée mal entretenue sur laquelle l'eau tombée du ciel demeure en flaques tant qu'elle n'est pas absorbée ou évaporée. Nous estimons que l'automobiliste doit pouvoir invoquer, comme cas de force majeure, cet état défectueux des voies qu'il parcourt.

---

1. Tribunal correctionnel de Montpellier, 14 mai 1907, D. 5. 47. — Douai. *J. de P.*, 9 août 1905. *Lois et Sports*, 1906, p. 26.

CHAPITRE   III

Responsabilité civile du propriétaire d'automobile, quand il ne conduit pas lui-même sa voiture

Le propriétaire d'un automobile n'est pas toujours au volant de sa voiture : celle-ci peut être conduite par sa femme, par son fils, son chauffeur, un de ses amis auquel il l'a prêtée, un mécanicien chargé de la réparer, un locataire, un intermédiaire ayant mission de la vendre.

Nous nous proposons d'étudier la responsabilité du propriétaire quand une des personnes ci-dessus indiquées cause ou occasionne un accident.

I. — L'AUTOMOBILE EST CONDUIT PAR LA FEMME

DU PROPRIÉTAIRE

L'étude de la responsabilité du mari du chef des actes de sa femme nécessite la distinction de deux hypothèses :

Première hypothèse. — *La femme est munie d'un certificat de capacité*

Supposons qu'une femme munie d'un certificat de capacité sorte de chez elle conduisant l'automobile de son mari (peu importe que ce soit avec ou sans l'autorisation de ce dernier), et au cours de sa promenade renverse un piéton qu'elle blesse. La victime peut-elle réclamer devant le tribunal des dommages-intérêts au mari, comme étant civilement responsable de sa femme ?

Non, pour les trois raisons suivantes :

a) L'article 1384 du Code civil qui indique un certain nombre de personnes responsables du fait d'autrui, ne mentionne pas dans son énumération le mari. Cette exclusion suffit pour conclure que le mari n'est pas de plein droit civilement responsable du dommage causé par sa femme ;

b) La femme étant titulaire d'un certificat de capacité, le mari avait raison de croire qu'elle possédait l'expérience nécessaire pour la conduite d'un véhicule dangereux ; il n'avait donc commis aucune faute, aucune imprudence en laissant sa femme sortir avec l'automobile, et ne pouvait invoquer aucune raison plausible pour l'en empêcher ;

c) Par le fait même de l'accident, une obligation délictuelle est née entre la femme et la victime ; la femme se trouve engagée sans l'autorisation de son mari, celui-ci n'est donc pas tenu de cette obligation (art. 217 du C. civ.).

Pour ces trois raisons, le mari n'est pas responsable du dommage causé par sa femme.

DEUXIÈME HYPOTHÈSE. — *La femme n'est pas munie du certificat de capacité*

Une sous-distinction s'impose :

Premier cas. — La femme est sortie *avec* l'autorisation de son mari. Le piéton qu'elle renverse a-t-il action contre ce dernier ?

Nous répondrons par l'affirmative. Le mari a commis une faute personnelle, en négligeant d'interdire à sa femme l'usage de l'automobile. Il savait pertinemment que son épouse n'était pas titulaire du certificat de capacité ; son expérience personnelle lui permettait de se rendre compte des dommages que peut causer un automobile conduit par des mains inhabiles. Il avait le devoir d'user de l'autorité que lui donne sur sa femme la puissance maritale, pour la détourner d'une promenade dangereuse. Sans doute un mari n'a pas à surveiller sa femme comme un père surveille ses enfants, mais il n'en est pas moins vrai qu'il a le devoir moral d'empêcher les délits dont sa femme pourrait se rendre coupable, quand il en est informé.

« Un mari, qui, en pareil cas, resterait témoin impassible du fait, ne manquerait pas seulement aux devoirs généraux de l'humanité, de la charité, mais à des obligations toutes spéciales que lui impose la puissance maritale (1). »

En manquant à ces obligations, le mari a commis une faute et aux termes de l'article 1383 du Code civil engagé sa responsabilité. La victime peut avec des chances de succès l'attaquer en justice comme responsable de l'accident causé par sa femme : il lui suffit de prouver 1° que l'accident est dû à une faute de la femme, et 2° que le mari connaissant le projet de celle-ci, et capable d'en mesurer les conséquences, n'avait pas su en empêcher l'exécution.

Deuxième cas. — La femme est sortie *sans* l'autorisation de son mari, ou malgré sa défense.

Dans ce cas nous croyons à l'irresponsabilité complète du mari.

Il n'a pas en effet à exercer sur sa femme une surveillance de tous les instants : la puissance maritale ne lui donne pas sur sa femme des pouvoirs tyranniques. La victime ne pouvant prouver aucune négligence à la charge du mari, ne parviendra certainement pas à le faire déclarer responsable par les tribunaux ; elle ne pourra s'attaquer qu'à la femme.

---

1. Sourdat. *Traité de la Responsabilité.*

La question de la responsabilité ou de l'irresponsabilité du mari en présence d'un accident causé par sa femme est d'un intérêt capital pour la victime ; suivant que l'une ou l'autre aura été reconnue par les tribunaux, elle aura comme créancier le mari ou la femme et les biens qu'elle pourra saisir seront plus ou moins considérables.

Prenons d'abord le cas où le mari est responsable, et passons en revue les différents régimes matrimoniaux sous lesquels les époux peuvent être mariés.

1° *Régime de communauté légale* (les époux se sont mariés sans contrat). — La victime pourra saisir les biens propres du mari et les biens de la communauté. En permettant à sa femme de sortir avec l'automobile, le mari a en quelque sorte faite sienne l'obligation qu'elle courait le risque de contracter. Or aux termes de l'article 1409-2° du Code civil les obligations contractées par le mari pendant le mariage tombent dans la communauté.

2° *Régime de communauté réduite aux acquêts.* — Même solution.

3° *Régime de séparation de biens.* — La victime saisira les biens du mari.

4 *Régime dotal.* — La victime saisira les biens propres du mari, et les revenus des biens dotaux de la femme qui ne sont pas nécessaires aux besoins de la famille. La jurisprudence admet en effet que l'inaliénabilité et par suite l'insaisissabilité protègent même les

revenus de la dot, dans la mesure où ils sont indispensables à l'entretien du ménage (1).

La responsabilité du mari est-elle dégagée ? La victime n'aura action que contre la femme, pleinement obligée par ses délits. « Une vieille règle de droit veut en effet que les incapables eux-mêmes dès qu'ils ont le discernement de leurs actes soient responsables des actes illicites par eux commis (art. 1310 pour les mineurs, pour les femmes le texte manque) (2). »

Si la femme est mariée sous le régime de la communauté légale ou de la communauté réduite aux acquêts, la victime ne peut saisir que la nue propriété des biens propres de la femme, puisque, d'une part, la jouissance de ces biens appartient à la communauté dont le mari est le chef (art. 1401-1498 *in fine*), que, d'autre part, la communauté ne peut être obligée par les délits ou quasi-délits de la femme. (Arg. art. 1424.)

Au cas de séparation de biens contractuelle, la victime saisira la nue propriété des biens de la femme, et les deux tiers des revenus de ces mêmes biens. L'autre tiers constitue la part contributoire de la femme dans les charges communes. (Art. 1537 et 1575 du C. civ.)

Enfin si le régime matrimonial des époux est le régime dotal, la victime pourra même pendant le mariage saisir non seulement la pleine propriété des biens

---

1. Aix, 6 janvier 1890. D. 1891. 1.486.
2. Planiol. *Traité de Droit civil*, t. III.

paraphernaux de la femme, mais encore la nue propriété des biens dotaux, et la pleine propriété de ces
derniers biens, dès que le droit de jouissance du mari
aura cessé. En disant « même pendant le mariage »,
nous signalons une exception au principe posé par l'article 1554 du Code civil d'après lequel les biens dotaux
sont inaliénables pendant le mariage, et par suite insai-
sissables. Mais d'après une jurisprudence constante
l'inaliénabilité dotale n'a pas été inventée pour permettre à la femme de se rendre coupable d'actes délictueux,
et celui qui est devenu son créancier à raison d'un fait
illicite peut saisir les biens dotaux (1).

Nous nous sommes jusqu'ici occupé de savoir à qui
du mari ou de la femme la victime d'un accident causé
par la femme devait réclamer le paiement de dommages-intérêts, et sur quels biens elle pouvait en cas d'in-
solvabilité faire porter une saisie.

Quant aux frais du procès, que la femme doit payer
si elle est condamnée aux dépens, c'est toujours au
mari qu'ils incombent, peu importe qu'il soit ou non
responsable de l'accident. Ces frais ont en effet pour
cause une instance qu'il a autorisé sa femme à soutenir,
alors qu'il aurait pu l'éviter en s'entendant à l'amiable
avec la partie lésée. Il est juste qu'il supporte des dépen-
ses que sa mauvaise volonté a obligé la victime à enga-

---

1. Req,, 29 mars 1893. D. 93. 1.285. — Civ. C., 3 mai 1893.
D. 93. 1. 349.

ger. Mais si la femme a plaidé avec l'autorisation de justice, le mari n'est pas tenu au paiement des frais.

II. — L'AUTOMOBILE EST CONDUIT PAR LE FILS DU PROPRIÉTAIRE

Un fils conduisant l'automobile de son père cause un accident ; le père peut-il être actionné comme civilement responsable de son fils ?

La réponse à cette question est différente selon que le fils coupable est mineur ou majeur.

Premier cas. — Le fils est mineur.

Aux termes de l'article 1384 § 2 le père est responsable du dommage causé par son fils mineur, si son fils habite avec lui. Cette responsabilité civile du père du chef des actes de son enfant mineur est la sanction d'un devoir que le père doit remplir : celui de surveiller son enfant, de diriger ses actions, de l'empêcher de nuire à ses semblables. Quand un enfant mineur commet un acte illicite, la loi en rend le père responsable, parce qu'elle suppose qu'il a failli à son devoir ; elle établit contre le père une présomption de faute.

Mais elle lui permet de démontrer qu'en fait il n'y a pas eu faute de sa part, article 1384 § 5.

Comment dans le cas qui nous occupe, le père pourra-t-il dégager sa responsabilité ?

« Mon fils, dira-t-il aux juges, est mineur sans doute, mais il a à la date du ..... obtenu un cer-

tificat de capacité pour la conduite des automobiles ;
j'étais donc en droit de supposer qu'il était apte à diriger un automobile, et je ne suis pas en faute pour
l'avoir laissé sortir avec ma voiture ; c'est au service
des mines à exiger plus de connaissances, plus de qualités de la part des candidats au certificat de capacité ! »

Le père soutiendra encore avec quelque chance de
succès que son fils s'est marié, qu'il est par suite émancipé, et qu'il n'est par conséquent plus sous sa surveillance. (On reconnaît généralement en effet que l'émancipation résultant du mariage supprime la responsabilité
paternelle, parce que l'enfant est devenu à son tour
chef de famille.)

Mais le père ne dégagera pas sa responsabilité en prétendant qu'ayant émancipé son enfant devant le juge
de paix de son domicile, il n'a plus à exercer sur lui
de surveillance. Les tribunaux lui reprocheront d'avoir
émancipé un enfant trop jeune, et le déclareront responsable.

Que le père n'allègue pas que c'est en son absence ou
malgré sa défense formelle que son fils est sorti avec
son automobile ! Les juges lui répondront qu'il devait
ou bien fermer à clefs la remise de sa voiture, ou user
de l'autorité qu'il tient de la loi, pour interdire à son
fils une promenade dangereuse.

Ce n'est que devant la preuve que le père n'a pu en
aucune façon empêcher le dommage causé par son
enfant que les tribunaux le déclarent irresponsable.

Cette preuve peut résulter de l'indication d'un ensemble de circonstances, attestant que l'acte dommageable commis par l'enfant, hors de la présence du père, ne se rattachait à aucune négligence, imprudence ou faute quelconque imputable à ce dernier (1).

Deuxième cas. — Le fils est majeur.

La responsabilité du père n'est certainement pas en jeu, car il est de règle que le majeur supporte les conséquences de ses actes. (Art. 1123 du C. civ.)

Toutefois, le père est responsable de son fils majeur, dans les deux hypothèses suivantes :

1o S'il a laissé son fils conduire son automobile, tout en sachant qu'il n'était pas muni d'un certificat de capacité. Il a commis une faute personnelle, dont il doit réparation aux termes de l'article 1382 du Code civil ;

2° Si son fils est son préposé (on peut par exemple supposer que le père est commerçant et que le fils fait des livraisons en utilisant l'automobile paternel) il est tenu des dommages causés par son fils, aux termes de l'alinéa 3 de l'article 1384.

III.— L'automobile est conduit par le chauffeur
du propriétaire

L'article 1384 § 3 rend les maîtres responsables du dommage causé par leurs domestiques dans les fonctions auxquelles ils les ont employés.

-----

1. Douai, 7 novembre 1893. D. 94. 2. 159.

Cette responsabilité de plein droit du maître du chef des actes de son domestique est la sanction d'une faute que la loi présume avoir été commise par le maître, celle qui consiste à avoir mal choisi son domestique, à l'avoir engagé sans s'être assuré qu'il possédait les connaissances nécessaires à l'emploi qui lui était réservé. « La raison de cette responsabilité, dit M. Sourdat en parlant de la responsabilité du commettant, se trouve dans le choix libre du commettant qui avant de confier un emploi au préposé, avant de le mettre en rapport avec les tiers dans l'exercice de cet emploi, a dû s'assurer de sa probité, et de sa capacité, c'est-à-dire de son aptitude morale, intellectuelle et physique à remplir la fonction sans dommage pour les tiers » (1).

Pour que le propriétaire d'un automobile soit en vertu de l'article 1384 responsable d'un accident causé par son chauffeur, il faut donc deux conditions : 1° que le chauffeur soit son domestique ; 2° que l'accident se soit produit, alors que le chauffeur se trouvait dans l'exercice de ses fonctions.

PREMIÈRE CONDITION. — *Le chauffeur doit être le domestique du propriétaire*

Le chauffeur est le domestique du propriétaire s'il s'est

---

1. Sourdat. *Traité de la responsabilité*, 4ᵉ éd., t. II, n° 884.

engagé par contrat envers ce dernier, à le servir, à travailler pour lui pendant un certain temps moyennant un prix proportionnel au temps, appelé salaire ou gages.

Le tribunal civil de la Seine, le 2 janvier 1901, a jugé que le chauffeur était un domestique et non un employé :

« Attendu, dit le jugement, que le chauffeur tenu aussi bien dans la journée que dans la soirée, à être à tout instant à la disposition du maître, payé au mois, peut être considéré comme simple domestique au même titre que le cocher, que sa fonction est essentiellement servile, puisqu'elle l'oblige à chaque instant à recevoir un ordre, à s'y soumettre ; que le fait par un serviteur domestique de ne pas coucher dans la maison de son maître, fait qui est commun à bien d'autres domestiques, ne peut en rien modifier le caractère des services pour lesquels il est loué. »

Le propriétaire ne répond que des personnes qui ont signé avec lui-même un contrat de louage de travail.

Ce principe va nous permettre de solutionner la question de fait suivante :

Il arrive fréquemment que l'acheteur d'un automobile demande à la maison qui le lui vend, de mettre pendant un certain temps à sa disposition un conducteur, en attendant par exemple qu'il ait trouvé un chauffeur à sa convenance ou encore que son chauffeur habituel ait appris le maniement de la nouvelle voiture.

Supposons que ce conducteur, en quelque sorte prêté par le constructeur, cause ou occasionne un accident.

Qui est responsable ? Le propriétaire de la voiture ou le constructeur ?

La réponse varie selon que le propriétaire paie les gages du mécanicien au mécanicien lui-même ou au constructeur.

Au premier cas, le mécanicien peut être considéré comme le domestique (sans doute provisoirement), du propriétaire, et celui-ci en est responsable aux termes de l'article 1384.

Au second cas le fait que le propriétaire verse le montant des gages aux mains du constructeur, prouve que c'est à ce dernier que le propriétaire a loué les services du mécanicien. Par suite la responsabilité de l'accident incombe au constructeur dont le mécanicien n'a pas cessé d'être le préposé.

Comment se fait-il donc que le mécanicien demeure le préposé du constructeur, alors que les ordres qu'il reçoit lui sont donnés non par son patron habituel, mais par le particulier qu'il conduit ?

En réalité le mécanicien reçoit deux sortes d'ordres ; les uns émanent du propriétaire de l'automobile et ont trait à l'usage de la voiture, les autres qu'il est censé tenir du constructeur visent l'entretien du véhicule, sa marche normale, et les mesures à prendre pour éviter les accidents. C'est la violation de ces derniers ordres seuls par le mécanicien qui engage la responsabilité du constructeur.

Un jugement de la 11e Chambre du tribunal correctionnel de la Seine, en date du 23 février 1905 rendu dans des circonstances analogues à celles que nous venons d'exposer, mérite d'être cité : Une dame avait acheté à la maison C. G. V. un automobile.

Ayant demandé à ses vendeurs de lui fournir un conducteur, en attendant qu'elle en ait trouvé un, la maison C. G. V. mit à sa disposition un de ses mécaniciens.

La dame payait la location à la maison C. G. V. et c'est de son patron habituel que le mécanicien touchait son salaire.

Au cours d'une sortie, alors que la propriétaire se trouvait dans la voiture, un accident survint. La victime assigna comme civilement responsables la dame et la maison C. G.V.

Le tribunal ne retint que la responsabilité civile de la maison de construction, dont le mécanicien était resté le préposé, et renvoya la propriétaire des fins de la poursuite, parce ce que tout en étant dans l'automobile, elle n'avait donné aucun ordre au conducteur.

Le jugement est basé sur les deux motifs ci-après :

« 1° Les personnes que l'on emploie accidentellement et qui sont louées à celui qui s'en sert par leur maître ou patron, ne sont pas des préposés au regard de celui qui les a ainsi louées pour un service déterminé. Ainsi, lorsqu'on loue une voiture de louage, l'accident arrivé par le fait du cocher ou des chevaux donnés à louage incombe à l'entrepreneur qui les a loués et non à la personne qui les a pris à bail. »

Il n'y a d'exception que dans le cas où cette dernière personne a contribué à l'accident par des ordres particuliers.

2° Le patron est aussi tenu de la responsabilité civile, lorsqu'il tire bénéfice du louage de services du préposé qu'il met à la disposition de sa clientèle, moyennant une rémunération qu'il perçoit lui-même ; car il agit alors comme un véritable entrepreneur (1).

La maison C. G. V. ayant fait appel de ce jugement la Cour de Paris a par arrêt du 3 juin 1905 confirmé la décision du tribunal correctionnel :

« Le constructeur, dit l'arrêt, qui loue à un client un de ses mécaniciens, n'en conserve pas moins le droit de le surveiller et de lui donner des instructions au point de vue de la marche normale de la voiture et des mesures à prendre pour éviter les accidents. »

Donc le propriétaire d'un automobile n'est pas responsable des accidents dus à une faute du mécanicien qui lui est prêté ; mais encore faut-il qu'il n'ait donné à ce mécanicien aucun ordre ayant pu être la cause de l'accident. Si par exemple il avait commandé au conducteur de mener bon train dans une voie fréquentée ou dans une rue en pente, et que le mécanicien pût faire la preuve que l'accident devait être attribué à cet excès de vitesse, la responsabilité du constructeur serait dégagée.

---

1. *Gaz. des Tribunaux* du 24 février 1905.

Deuxième condition. — *Le chauffeur devait être dans l'exercice de ses fonctions au moment où l'accident s'est produit.*

Pour que le propriétaire de l'automobile soit civilement responsable du dommage causé par son chauffeur, il faut que l'accident soit survenu au moment où le chauffeur exécutait un ordre du propriétaire ; par exemple le chauffeur conduisait son patron (ou une autre personne sur l'ordre de ce dernier) à un endroit déterminé, ou bien il allait au garage pour remiser la voiture, ou il en revenait, ou enfin il faisait une course quelconque avec l'automobile pour le compte de son patron.

Voilà des cas où le chauffeur agit dans l'exercice normal et régulier de ses fonctions. Qu'un accident arrive, la responsabilité du propriétaire est justifiée.

Mais la jurisprudence rend le propriétaire responsable de l'abus commis par le chauffeur dans l'exercice de ses fonctions.

Par exemple je donne l'ordre à mon mécanicien de reconduire la voiture à son garage ; mon mécanicien ayant une course éloignée à faire pour son compte personnel, au lieu de remiser mon automobile, s'en sert à mon insu pour se rendre à l'endroit où il est appelé. En cours de route, il blesse un piéton. Je suis responsable, à moi de payer l'indemnité. L'alinéa final de l'article 1384 ne me permet pas de dégager ma responsabilité en démontrant qu'il m'était impossible de supposer que mon domestique. méconnaissant mes instructions, allait se servir de mon automobile !

La Cour de cassation a rendu un propriétaire d'automobile responsable de l'accident causé par son chauffeur en faisant une promenade d'agrément avec la voiture, au lieu de la reconduire immédiatement au garage, comme il en avait reçu l'ordre.

« Attendu, dit l'arrêt en date du 23 mars 1907, que le mécanicien ne reconduisait l'automobile que parce que son maître le lui avait confié pour accomplir un service commandé ; qu'il appartenait à ce dernier de surveiller l'exécution de son ordre, et que, en vertu de l'article 1384 du Code civil, les maîtres et commettants sont responsables non seulement du dommage causé par leurs domestiques et préposés dans l'exercice normal et régulier des fonctions auxquelles ceux-ci sont employés, mais encore du dommage résultant de l'abus de ces fonctions (1). »

La Cour de cassation a, nous semble-t-il, singulièrement aggravé la responsabilité du maître en ajoutant à l'article 1384 les mots : « mais encore du dommage résultant de l'abus de ces fonctions ».

M. Sourdat, dans son *Traité général de la responsabi-*

---

1. *Gaz. des Tribunaux* du 24 août 1907. —Dans le même sens, arrêt de la Chambre criminelle du 12 décembre 1903. **D.** p. 1904. 1.70.

lité, au tome II de la 4e édition, n° 888, est lui aussi d'avis que le maître est responsable de l'abus de son domestique dans l'exercice de ses fonctions. « Il suffit, dit-il, que l'acte dommageable se rattache à l'objet du mandat donné au préposé, et se soit produit dans l'exécution de ce mandat ; peu importe qu'il constitue un abus des fonctions qui sont conférées à l'agent, que les ordres du maître aient peut-être été méconnus. »

Cet auteur, il est vrai, fonde la responsabilité du maître du chef des actes de son domestique, non seulement dans la liberté du choix fait par le maître de la personne de son domestique, mais dans le droit qui lui appartient de donner à son serviteur des instructions et des ordres, et de surveiller l'exécution du mandat qu'il lui a confié (1).

Nous trouvons cette opinion bien dure à l'égard du maître.

Que la responsabilité du maître soit basée sur la présomption qu'il a mal choisi son domestique, qu'il l'a engagé à la légère et sans renseignements suffisants, nous l'admettons.

Mais rendre un maître responsable de l'abus que commet son domestique dans l'exercice de ses fonctions, sous prétexte que, ayant le droit de donner des ordres, il a le devoir d'en surveiller l'exécution, nous semble contraire à toute justice.

Le domestique n'est pas une personne sous la garde

---

1. Sourdat, t. II, n° 815.

du maître ; celui-ci n'a donc pas à le surveiller comme un père doit surveiller ses enfants, un instituteur ses élèves, un artisan ses apprentis. Si un maître devait à chaque instant s'assurer que son domestique exécute ponctuellement ses ordres, il vaudrait mieux qu'il n'eût d'autre serviteur que lui-même. C'est pour cette raison que nous estimons qu'un maître ne peut en bonne justice être rendu responsable des abus de ses domestiques.

La jurisprudence devrait, à notre avis, ou bien reconnaître, avec M. Larombière, « que les faits abusifs, encore qu'ils semblent par certaines circonstances de temps et de lieu se rapporter au service du domestique ou du préposé ne peuvent être considérés comme commis dans ce service » (1) ; ou bien autoriser le maître à prouver : 1° qu'il avait choisi comme domestique une personne présentant des garanties suffisantes ; 2° qu'il n'était pas en son pouvoir d'empêcher l'acte abusif.

La Cour de cassation a apporté un tempérament au principe par elle posé de la responsabilité du maître en cas d'abus du domestique.

Elle admet en effet que le maître est irresponsable quand la victime de l'accident a envisagé le domestique coupable de l'acte abusif, comme agissant non pour le compte de son patron, mais pour son compte personnel.

---

1. Larombière. *Traité théorique et pratique des obligations*, t. **IV**, art. 1384, n° 9.

Le cas suivant avait été soumis à l'appréciation des juges de la Cour Suprême :

Un propriétaire avait fait la défense formelle à son chauffeur de sortir avec son automobile. Passant outre à cette défense, le chauffeur invita un de ses camarades à une promenade ; au cours de l'excursion, l'automobile fut tamponné et le camarade blessé. Ce dernier assigna le chauffeur, et le propriétaire comme civilement responsable de son domestique.

Le tribunal de la Seine et la Cour de Paris lui donnèrent gain de cause (27 janvier 1903).

Mais la Cour de cassation se refusa à reconnaître dans ces circonstances la responsabilité du propriétaire de l'automobile.

« Attendu (1) que B..., qui est mécanicien d'automobile comme X... dont il est le camarade, n'ignorait pas que celui-ci en organisant une promenade pour leur plaisir commun, avait agi à l'insu du propriétaire de la voiture ; qu'il ressort des circonstances de fait qu'en acceptant de monter dans cette voiture, B... a entendu se confier non au préposé de P..., mais à X... lui-même agissant pour son propre compte ; que la personnalité du commettant étant restée étrangère à sa détermination, il ne saurait être admis à réclamer à ce dernier la réparation du préjudice qu'a pu lui causer le fait personnel de son camarade ;

---

1. **Arrêt du 12 décembre 1903. D. 1904. 1. 170.**

Attendu que la règle inscrite dans l'article 1384 comporte une limite ; que si la responsabilité édictée par cet article est encourue, lorsque dans l'exercice même abusif de son mandat, le préposé peut être réputé avoir agi pour le compte du commettant, il en est autrement quand le préposé a été envisagé par la victime de l'accident comme agissant non pour le compte de son commettant, mais pour son compte personnel. »

La responsabilité du propriétaire n'est pas engagée, quand au moment de l'accident le chauffeur agissait en dehors de ses fonctions.

Agit en dehors de ses fonctions le mécanicien qui un jour de repos s'empare de l'automobile de son patron sans l'en avertir et s'en sert pour son agrément ou ses besoins personnels, ou encore qui, un dimanche par exemple, se promène dans la voiture que son maître a mise complaisamment à sa disposition.

Pour le premier cas, aucun doute n'est possible ; le propriétaire ne peut être responsable de faits qu'il n'a pu empêcher ; pour le second, sa responsabilité ne serait en jeu que si on relevait contre lui la faute d'avoir confié sa voiture à un chauffeur non muni du certificat de capacité.

IV. — L'automobile est conduit par un ami du propriétaire

Nous supposons qu'un particulier prête son automobile à un de ses amis. Pendant que celui-ci est au volant de la machine, un accident survient. La victime attaque en justice le conducteur de la voiture ; peut-elle aussi actionner le propriétaire ?

Selon que l'accident a sa cause dans une faute de l'emprunteur ou dans un vice du véhicule, la responsabilité en incombe à l'emprunteur ou au propriétaire.

Quand l'accident est dû à une maladresse de l'emprunteur (par exemple, voulant arrêter l'automobile, il a manœuvré le levier de changement de vitesse, au lieu du levier du frein), à une négligence de sa part (ayant omis d'allumer les lanternes d'avant dès la tombée de la nuit, le piéton qu'il a renversé n'avait pu apercevoir l'automobile), à une imprudence (il n'a pas corné au croisement de deux routes, ralenti son allure dans une rue encombrée), l'emprunteur seul est responsable ; il doit réparation du dommage qu'il a causé par son fait, sa négligence ou son imprudence. (Art. 1382 et 1383 du C. civ.)

La victime pourrait toutefois, à notre avis, assigner avec succès le propriétaire de la voiture (le prêteur), si elle parvenait à prouver que le propriétaire avait prêté sa voiture à son ami sans s'informer si celui-ci s'entendait à la conduite des automobiles. Le tribunal correctionnel de la Seine, dans un jugement du 30 juin 1905, (D. 1905. 5. 40) a déclaré en effet que :

« Le propriétaire d'un automobile est en faute quand il

confie sa voiture à un tiers sans s'être au préalable assuré de la capacité de ce tiers au point de vue de la conduite de l'automobile et de la connaissance des règlements. »

Des déclarations des témoins et de l'emprunteur résulte-t-il que la cause de l'accident doit être attribuée à un vice de la machine ? Un expert établit-il dans son rapport que les commandes des freins par exemple étant détendues, le conducteur n'avait pu en les manœuvrant agir sur les roues d'une manière efficace ? La responsabilité du prêteur nous semble être seule engagée. Avant de prêter son automobile, il avait le devoir de s'assurer de son parfait fonctionnement ; ayant manqué à ce devoir, nous estimons qu'il est responsable du dommage causé par les défauts de sa machine, comme s'il les avait connus, et nous basons sa responsabilité non seulement sur l'article 1383 du Code civil, mais aussi sur l'article 1891 du même Code :

Lorsque la chose prêtée a des défauts tels qu'elle puisse causer du préjudice à celui qui s'en sert, le prêteur est responsable s'il connaissait les défauts et n'en a pas averti l'emprunteur.

V. — L'AUTOMOBILE EST CONDUIT PAR UN MÉCANICIEN
CHARGÉ DE LE RÉPARER.

L'automobile ayant besoin d'une réparation, le propriétaire a le choix entre deux partis : soit confier sa voiture au constructeur ou à un mécanicien-entrepreneur, soit faire procéder chez lui à la réparation.

A. — S'il adopte le premier parti, il est évident que le propriétaire est exonéré de toute responsabilité.

Qu'au cours d'essais faits par un ouvrier du constructeur un accident survienne, le constructeur paiera les dommages-intérêts à la victime.

Solution identique au cas où c'est le mécanicien-entrepreneur qui a causé l'accident.

Le propriétaire n'est pas responsable parce que le contrat qu'il a passé avec le constructeur ou le mécanicien-entrepreneur n'est pas un louage de travail, mais un contrat d'entreprise ; il n'existe entre le propriétaire d'une part et le constructeur ou le mécanicien-entrepreneur de l'autre aucune relation de commettant à préposé, d'employeur à employé.

La solution que nous donnons est empruntée à un jugement du tribunal de commerce de la Seine du 10 octobre 1906 (cité par M. Sainctelette). Un propriétaire, M.C..., avait confié son automobile à M.Col..., mécanicien pour y effectuer diverses réparations. Au cours d'une sortie, ce dernier causa un accident. Une demande en dommages-intérêts fut formée contre le mécanicien et contre le propriétaire de la voiture comme civilement responsable. Le tribunal admit la demande intentée contre le mécanicien, mais déclara le propriétaire irresponsable, dans un jugement ainsi motivé :

« Attendu qu'il résulte des débats qu'une collision s'est produite entre une voiture automobile appartenant à C... et conduite par Col..., d'une part, et une voiture attelée d'un cheval et conduite par un préposé de M..., d'autre part ; attendu que M... prétend que la responsabilité dudit accident incomberait à Col. .; que celui-ci aurait été au moment de l'accident le préposé de C..., lequel devrait donc être rendu responsable des conséquences de l'accident ; mais attendu qu'il n'est aucunement justifié qu'il ait existé, à l'époque de l'accident, entre C... et Col... des rapports d'employeur et de préposé pouvant rendre C... responsable de Col..., qu'il ressort au contraire des débats *que Col... avait entrepris un travail de réparation d'automobile pour C... en vertu, non point d'un contrat de louage de service, mais bien d'une convention d'entreprise de travail et de fournitures,* à raison de laquelle Col... remplissait lui-même le rôle de patron ; que le seul fait par C... d'avoir confié son automobile à Col... ne saurait le rendre responsable des agissements de ce dernier ».

La responsabilité du propriétaire pourrait être retenue s'il se trouvait (lui ou son mandataire) dans l'automobile à côté du mécanicien entrepreneur au moment où l'accident s'est produit. La 8e Chambre correctionnelle du tribunal de la Seine a établi cette responsabilité dans ce cas par jugement du 9 août 1907. Voici dans quelles circonstances : Le 7 avril 1907 un huissier était renversé et blessé par un automobile conduit par M. C... mécanicien à Paris. L'automobile appartenait à un négociant luxembourgeois, qui l'avait confié à M. C... pour le réparer. L'huissier avait cité le négociant devant le tribunal correctionnel comme civilement responsable.

L'avocat du négociant soutenait qu'il devait être mis hors de cause : il avait confié sa voiture à M. C... pour la réparer et non pour faire une promenade. Mais l'avocat de l'huissier prouvait que le mandataire à Paris du négociant luxembourgeois accompagnait le mécanicien. Cela a suffi au tribunal pour établir la responsabilité du propriétaire de l'automobile.

B. — Si le propriétaire de l'automobile fait effectuer la réparation chez lui par un mécanicien-entrepreneur ou un ouvrier du constructeur, il n'est pas responsable de l'accident survenu au cours des essais auxquels le mécanicien ou l'entrepreneur se sont livrés de leur plein gré pour s'assurer du bon fonctionnement de la voiture. Si, au contraire, c'est devant l'insistance du propriétaire que les essais ont été tentés, celui-ci pourra peut-être être déclaré responsable de l'accident.

VI. — L'automobile est conduit par un locataire

Le propriétaire qui loue sa voiture à un amateur doit la livrer en parfait état de fonctionnement.

Dès lors, si pendant la location un accident survient et que le locataire prouve qu'il est dû à un vice de la machine, le loueur sera responsable.

Responsable également s'il loue son automobile à un particulier sans s'assurer que celui-ci est muni d'un certificat de capacité.

VII. — L'AUTOMOBILE EST CONDUIT PAR UN INTERMÉDIAIRE CHARGÉ DE LE VENDRE

Je suppose que le propriétaire charge un intermédiaire de vendre son automobile, et que cet intermédiaire en faisant fonctionner la voiture devant un de ses clients, cause un accident.

Le propriétaire est-il responsable ?

Non, à notre avis. L'accident est-il imputable à un vice de l'automobile ?

L'intermédiaire devait connaître ce vice, car avant de s'engager à vendre la voiture pour le compte du propriétaire, il avait le devoir de s'assurer du bon fonctionnement de toutes les pièces du mécanisme. Il y a faute de sa part à ne pas avoir minutieusement examiné le châssis ; il est responsable de l'accident que ce défaut ignoré de lui a occasionné. (Art. 1382 du C. civ.)

Si l'accident s'est produit par suite d'une maladresse de l'intermédiaire, et que cet intermédiaire ne soit pas muni du certificat de capacité, nous ne croyons pas le propriétaire responsable, comme ayant confié son automobile à une personne inexpérimentée, car le propriétaire avait lieu de croire que celui qui fait métier de vendre des automobiles s'entend à la conduite de ces véhicules.

CHAPITRE IV

Exposé de la théorie objective de la responsabilité. — Réformes

Le dépouillement de la jurisprudence relative à l'automobilisme nous a permis de constater que les tribunaux ont toujours exigé pour reconnaître l'automobiliste responsable et par suite le condamner à des dommages-intérêts envers la victime de l'accident, que celle-ci (ou sa famille au cas de décès de la victime) fît la preuve complète de la faute commise par lui-même ou par sa femme, son fils, son mécanicien, un de ses amis, un locataire.

Ils ont laissé au demandeur la charge de la preuve, conformément au vieil adage : *Onus probandi incumbit actori*, et fondé la responsabilité civile de l'automobiliste sur les articles 1382, 1383 et 1384 du Code Napoléon.

Comment la victime prouvera-t-elle devant les juges la faute du conducteur ?

Remarquons au début que la question de la preuve ne peut se poser en dehors d'un procès, et que pour intenter un procès à une personne, il faut d'abord la connaître.

Or supposons un piéton tamponné sur une grande route par un automobile lancé à toute allure. Si le conducteur ne prend pas la fuite (la loi du 17 juillet 1908 (1) est de nature à lui éviter cette tentation), il portera secours à sa victime, la déposera dans sa voiture pour la conduire à l'hôpital de la ville la plus proche ; là sera obligé de décliner ses nom, qualité et adresse, et il sera facile à la victime de les connaître, il lui suffira de consulter le registre des entrées de l'hôpital.

Mais au cas où le conducteur s'éloigne, soit que grisé de vitesse, il ne s'aperçoive même pas qu'il vient de causer un accident, soit que, sciemment, il cherche dans la fuite le moyen d'échapper à toute responsabilité, la victime ignore absolument son nom et son adresse.

L'accident a peut-être eu des témoins ? Ceux-ci, surmontant leur émotion, ont-ils songé à lire le numéro d'ordre inscrit à l'arrière de la voiture?

---

1. Cette loi, rendue sur la proposition de M. Chastenet, est ainsi conçue : Article unique. — « Tout conducteur d'un véhicule quelconque, qui sachant que ce véhicule vient de causer ou d'occasionner un accident, ne se sera pas arrêté et aura ainsi tenté d'échapper à la responsabilité pénale et civile qu'il peut avoir encourue, sera puni de six jours à deux mois de prison et d'une amende de 16 francs à 500 francs, sans préjudice des peines contre les crimes ou délits qui seraient joints à celui-ci.

« Dans le cas où il y aurait lieu en outre à l'application des articles 319 et 320 du Code pénal, les pénalités encourues aux termes de ces articles seraient portées au double ».

« Les dispositions de l'article 463 du Code pénal sont applicables au délit prévu par la présente loi » (circonstances atténuantes).

Si oui, ont-ils pu déchiffrer ce numéro ? C'est douteux, car l'automobile allait vite et la plaque d'arrière devait disparaître derrière un nuage de poussière.

Admettons qu'ils y soient parvenus : le numéro pouvait être faux : l'expérience a en effet démontré qu'il se trouve des automobilistes assez lâches pour maquiller leurs plaques d'identité ou pour substituer au numéro donné par la préfecture un numéro fantaisiste, afin d'échapper aux poursuites judiciaires et faire retomber sur des chauffeurs innocents la responsabilité de leurs fautes.

Ceci dit, prenons le cas où la victime ayant retrouvé la trace de l'automobiliste, l'a assigné devant les tribunaux en réparation du préjudice matériel ou moral que lui a causé l'accident.

A elle, nous l'avons dit, de prouver que l'accident est dû à une faute du conducteur. Neuf fois sur dix, la faute, qu'elle invoquera, sera l'excès de vitesse. (Nous raisonnerons uniquement sur cette hypothèse.)

Comment la victime démontrera-t-elle aux juges que l'automobile marchait à une vitesse supérieure au maximum autorisé par le décret de 1899 ?

Si, au moment de l'accident, elle se trouvait seule sur la route, ce n'est pas elle qui aura pu apprécier la vitesse de la voiture : une violente commotion ou peut-être même une perte de connaissance l'en auront empêché. Elle se bornera à soutenir devant les magistrats que l'allure était excessive, qu'elle n'a pas eu le temps de se garer, etc… !

Les témoins que le hasard aura mis sur la route, au moment de la collision, ne seront pas plus précis dans leur déposition.

Le gendarme, dont la bonne foi ne saurait être mise en doute, constatera dans son procès-verbal que la vitesse dépassait certainement 30 kilomètres à l'heure. (Pour montrer quelle erreur d'appréciation peut commettre involontairement un agent verbalisateur, M. Arnette cite dans sa thèse l'anecdote suivante qui ne manque pas de saveur : Un juge de paix des environs de Paris se rendait en automobile à la capitale, quand il fut arrêté par un gendarme qui lui dressa procès-verbal pour excès de vitesse. « Mais à quelle allure allais-je donc, dit-il au gendarme. — J'estime, répondit celui-ci avec importance, que vous marchiez à plus de 40 kilomètres à l'heure. » Or, de par sa construction, l'automobile que conduisait l'honorable magistrat ne pouvait dépasser 30 kilomètres à l'heure et au moment où il fut arrêté le conducteur ne faisait pas donner à son moteur le maximum !!)

On voit donc que la preuve de l'excès de vitesse ne pourra être fournie d'une manière précise, et devant cette insuffisance, les tribunaux déclareront la victime mal fondée en sa demande.

C'est dans le but d'éviter à la victime le lourd fardeau de cette preuve qu'il lui est souvent, pour ne pas dire toujours, impossible à faire, que des auteurs ont cherché à faire déclarer le propriétaire d'automobile responsable indépendamment de toute faute de sa part, par le fait même qu'il est propriétaire. Avec leur système, la victime n'a plus à prouver la faute de l'automobiliste ; c'est à ce dernier s'il ne veut pas être condamné à prouver la faute de la victime.

Les auteurs dont nous parlons sont d'une part MM. Besnard et Dauthy, députés, de l'autre M. A. Colin, professeur à la Faculté de Droit de Paris.

Les premiers ont déposé le 5 décembre 1906 sur le bureau de la Chambre la proposition de loi suivante (1) :

Article unique. — L'article 1386 du Code civil est modifié comme il suit :

« Le propriétaire d'un bâtiment est responsable du dommage causé par sa ruine quand elle est arrivée par suite du défaut d'entretien ou par le vice de sa construction.

« Le propriétaire d'un automobile est dans tous les cas et indépendamment de toute faute personnelle responsable du dommage causé par son véhicule.

« La responsabilité à lieu à moins qu'il ne prouve directement une faute lourde à la charge de la victime. »

Dans l'exposé des motifs de leur proposition de loi, MM. Besnard et Dauthy indiquent nettement qu'ils entendent établir une présomption de faute à la charge

---

1. Chambre. Annexes, 5 décembre 1906, n° 522.

du propriétaire, afin de déplacer le fardeau de la preuve.

« Nous rattachons, disent-ils, la présomption de faute que nous voulons faire passer dans la loi à un risque permanent, inhérent à la propriété de certaines choses. »

C'est dans le même esprit qu'est rédigé le projet présenté le 18 avril 1907 par M. A. Colin, à la Société d'Etudes législatives. En voici en partie le texte :

ARTICLE PREMIER.— Tout accident ou dommage accidentel occasionné par le fait d'un véhicule automobile, circulant sur la voie publique, donne droit au profit de la victime ou de ses représentants à une indemnité du préjudice matériel ou moral à la charge du propriétaire dudit véhicule, sans qu'il soit besoin de démontrer qu'il ait commis aucune faute. Le propriétaire d'un véhicule automobile peut se soustraire au paiement total ou partiel de l'indemnité en prouvant que le dommage a été provoqué ou aggravé par la faute grave de la victime.

ART. 2. — Dans le cas où des tiers seraient responsables de l'accident ou du dommage, le propriétaire peut exercer son recours contre eux conformément au droit commun.

Si l'accident ou le dommage est survenu durant que la voiture était occupée par un locataire, le propriétaire peut exercer un recours contre ce dernier, dans les conditions de l'article 1 dans le cas où le locataire conduisait lui-même ou faisait conduire par son préposé (1).

------

1. La Commission de la Société d'Etudes législatives, dont M. A. Colin était le rapporteur, s'est inspirée pour la rédaction de ce projet des deux

On se rend compte à la lecture de ces deux projets que le propriétaire dont l'automobile aura causé ou occasionné un accident sera toujours responsable. Il ne peut échapper à une condamnation qu'en prouvant la faute « lourde ou grave » de la victime. Or cette preuve est le plus souvent impossible.

En effet, si l'accident ne s'est pas produit en présence de témoins, comment le propriétaire démontrera-t-il aux juges que, par exemple, le piéton qu'il a renversé lisait son journal en traversant la chaussée et que, plongé dans cette lecture, il n'a pas entendu les coups de trompe !

En admettant même que des personnes aient assisté à la collision, le propriétaire en trouvera-t-il quelques-unes qui consentiront à venir déposer à la barre en sa faveur ? Nous en doutons, en raison de l'animosité qu'éprouvent les piétons à l'égard des automobilistes.

Le propriétaire, ne pouvant prouver la faute de la vic-

------

théories de l'interversion de la preuve et du risque professionnel. Le système de l'interversion de la preuve ou de la faute présumée permettait à l'automobiliste de s'exonérer de toute responsabilité en prouvant : 1° un cas fortuit ou de force majeure, ou 2° la faute de la victime.

Ne voulant pas que la victime de l'accident pût être déboutée de sa demande d'indemnité devant la preuve d'un cas fortuit ou de force majeure, les membres de la Commission ont adopté le principe du risque professionnel qui met ces cas à la charge de l'automobiliste, mais ils ont laissé à ce dernier le second moyen que lui permettait le système de l'interversion de la preuve, celui de prouver la faute grave de la victime.

time, seul moyen de défense que lui accordent les deux projets ci-dessus, sera toujours condamné.

La disposition finale de la proposition de MM. Bénard et Dauthy et de l'article 1 du projet de M. Colin est illusoire. Ces auteurs créent contre l'automobiliste le risque professionnel déjà appliqué contre les chefs d'industrie par la loi du 9 avril 1898 sur les accidents du travail.

Ils ont eu peut-être la secrète espérance, en aggravant ainsi la responsabilité civile de l'automobiliste, d'inspirer aux chauffeurs imprudents la crainte salutaire de l'accident. Nous ne croyons pas que le remède soit assez énergique pour guérir les automobilistes du mépris qu'ils professent à l'égard de leurs semblables. La plupart d'entre eux sont riches et la perspective d'une forte indemnité à payer à leur victime n'est pas de nature à les rendre plus sages.

Le remède réside, à notre avis, dans une refonte partielle du décret du 10 mars 1899 dont les dispositions suffisantes à l'époque où il a été promulgué, ne répondent plus aux exigences de la circulation actuelle.

L'exposé des modifications que nous voudrions voir apporter à ce décret sera la conclusion de notre étude

RÉFORMES

I. — La vitesse, cause la plus fréquente d'accidents, devrait être réduite à 25 kilomètres à l'heure en rase campagne et à 10 kilomètres dans les agglomérations, et ce maximum devrait être le même pour toute la France. (Nous serions partisan de la suppression du pouvoir réglementaire des préfets et des maires en matière de circulation automobile.) Devant l'impossibilité matérielle de constater d'une manière précise la vitesse d'un automobile, nous croyons qu'il faudrait interdire en France la circulation de toute voiture pouvant dépasser l'allure que nous indiquons.

L'allure de 25 kilomètres à l'heure paraîtra sans doute ridicule aux automobilistes de nos jours, habitués à dépasser (et de combien !) le maximum de 30 kilomètres autorisé par le décret de 1899. Qu'il nous suffise de leur dire qu'ils seront avec notre système plus favorisés encore que les automobilistes anglais qui ne peuvent dépasser 19 kilomètres (1). S'ils emploient l'automobile

---

1. Vitesse permise dans les pays étrangers.

	en rase campagne	dans les agglomérations	aux passages dangereux
Suisse	3o Km.	10 Km.	6 Km.
Autriche	45 »	15 »	
Belgique	3o »	10 »	
	(décret royal du 4 août 1899)		
Espagne	28 »	12 »	
	(décret royal du 17 septembre 1900)		
Italie	25 »	15 »	
	(décret du 28 juillet 1901)		
Portugal	3o »	10 »	
	(décret du 14 octobre 1901)		

Angleterre : maximum 19 kilomètres à l'heure et 13 kilomètres, si l'au-

pour faire du tourisme, la vitesse de 25 kilomètres leur permettra de voyager sans fatigue et leur laissera le temps de contempler les paysages de la route.

S'ils ne voient dans l'automobile qu'un mode de locomotion rapide, nous leur répondrons que dans l'état actuel des routes de France, on ne peut tolérer la présence d'engins aussi dangereux que des voitures pouvant filer aussi vite que les trains (1).

Pour la même raison, nous réclamons la suppression absolue des courses d'automobiles sur circuit ; il se produit toujours de nombreux accidents pendant les quelques jours qui précèdent la course et durant lesquels les équipes des grandes maisons de construction se livrent à l'entraînement ; et le jour de la course, malgré un service d'ordre important fourni par les soldats, il arrive parfois que des spectateurs sont victimes de leur curiosité.

Reconnaissant toutefois que les courses d'automobiles sont nécessaires pour stimuler l'activité de nos cons-

---

tomobile pèse plus de 1.525 kilogrammes : pas de distinction entre la campagne et les agglomérations. (*Motor act*, 14 août 1903.)

Allemagne : La vitesse n'est pas réglementée ; en rase campagne elle est laissée à l'appréciation du conducteur sous sa responsabilité ; dans les agglomérations, la vitesse ne doit pas dépasser l'allure d'un cheval au trot accéléré ; dans les endroits difficiles l'allure doit être telle qu'en cas de besoin l'arrêt puisse être obtenu en 5 mètres.

1. Le 15 décembre 1905, M. Darracq a proclamé la nécessité chaque jour plus impérieuse de commencer à entreprendre la modification de notre réseau routier pour le rendre plus accessible aux nouveaux moyens de transport rapides, en vue de la sécurité plus grande de chacun.

tructeurs, nous demandons la création d'autodromes où chaque industriel pourrait à tous moments expérimenter un châssis nouveau, et qui à certains jours seraient réservés aux courses.

II. — Le certificat de capacité ne devrait être délivré qu'à bon escient, après un examen sérieux, et être retiré après deux contraventions et d'une matière définitive. La disposition de l'article 32 du décret de 1899 n'est jamais observée. Nous avons vu récemment le tribunal de simple police de Paris relever quarante-cinq contraventions contre un chauffeur, le condamner quarante-cinq fois à 5 francs, et ne pas lui retirer son certificat de capacité !

III. — Approuvant la proposition de loi, déposée par M. Grillon et ses collègues sur le bureau de la Chambre des députés le 12 novembre 1906, nous voudrions que toute voiture automobile ayant occasionné par la *seule* faute de son conducteur un accident mortel ou grave entraînant une infirmité permanente, fût saisie d'autorité de justice, vendue aux enchères sur l'ordre du tribunal, et que le prix en soit affecté par privilège à la réparation du dommage causé à la victime.

IV. — Nous voudrions encore que tous les automobiles fussent munis de plaques d'identité, et pour empêcher la substitution et la dissimulation de ces plaques, il nous semble que la proposition de loi présentée sous forme d'amendement au budget de 1903 par M. Messimy est de nature à enlever aux chauffeurs peu scrupuleux la tentation de commettre ces fraudes. Elle est ainsi rédigée :

Les plaques d'identité portant le numéro d'ordre attribué aux automobiles par le service des mines devront être plombées sur le châssis et estampillées *chaque année* par les soins du préfet qui a délivré le récépissé de déclaration.

Toute dissimulation ou tentative de dissimulation de la plaque d'identité est passible à la fois d'une amende de 50 francs à 200 francs et d'un emprisonnement de six jours à un mois.

V. — Il faudrait enfin modifier l'article 9 du décret de 1852 comme il suit :

Tout conducteur de voiture doit se tenir *constamment* sur le côté droit de la chaussée, se porter à gauche quand il veut dépasser une voiture.

On nous trouvera sans doute sévère à l'égard des automobilistes, mais nous croyons que l'abaissement du maximum de vitesse et la responsabilité pénale qu'é-dictent les diverses propositions de loi que nous venons de signaler et que nous approuvons, sont de nature à modérer l'ardeur des automobilistes, bien plus que la théorie objective de la responsabilité civile.

Les mesures que nous proposons rendront les accidents plus rares et l'automobile ne sera plus pour le piéton « un mal qui répand la terreur ».

Si nous aggravons la responsabilité pénale de l'automobiliste, nous réclamons en revanche le maintien de la théorie subjective de la responsabilité civile. Condamner un conducteur sans qu'il y ait aucune faute de sa part, nous semble chose illogique et injuste. L'automobile par lui-même. à l'arrêt, n'est pas un instrument dangereux ; il ne le devient qu'en marche, par la direction que lui donne le chauffeur ; tout accident a donc sa cause dans la maladresse, la négligence ou l'imprudence de ce dernier. Il nous paraît plus raisonnable d'exiger de la victime la preuve de cette faute du conducteur que d'imposer à celui-ci la preuve de la faute de la victime.

La théorie subjective de la responsabilité laisse, dit-on, la victime sans recours, quand l'accident est dû à un cas fortuit ou de force majeure. Nous avons montré au chapitre II que les tribunaux ne reconnaissent en faveur de l'automobiliste ni cas fortuit. ni cas de force majeure, ils ne considèrent comme tels ni le fringalement, ni le dérapage, ni l'explosion. Il n'y a donc pas là, à notre avis, prétexte à remplacer la théorie subjective par la théorie objective.

En maintenant la théorie subjective, nous voudrions encore alléger la responsabilité civile du propriétaire, en lui permettant de faire la preuve qu'il n'a pu empêcher l'acte abusif commis par son domestique dans l'exercice de ses fonctions.

Cette faculté ne lui est pas reconnue par suite du silence de l'article 1384 alinéa final, qui ne permet qu'aux père et mère, instituteurs et artisans, de prouver qu'ils n'ont pu empêcher le fait qui donne lieu à leur responsabilité.

Le maître est responsable, nous l'avons dit, parce que la loi présume qu'il a choisi trop hâtivement son domestique. Ce motif avait jadis de la valeur, à une époque où les maîtres pouvaient s'entourer de renseignements sur la moralité, l'honnêteté de celui qu'ils se proposaient de prendre à leur service.

Mais aujourd'hui, où les maîtres ne sont plus informés des qualités de leurs futurs serviteurs que par les certificats que ceux-ci leur présentent signés de leurs anciens patrons (certificats toujours élogieux, car les domestiques modernes, tous affiliés à des syndicats de gens de maison obligent les patrons qu'ils quittent à leur rédiger de « bons certificats »), il nous semble dur de rendre un maître responsable des abus de son domestique, sous prétexte qu'il l'a mal choisi, alors que son opinion n'a pu se former sur des certificats rédigés en pleine liberté d'esprit.

Nous voudrions donc que l'alinéa final de l'article 1384 du Code civil fût ainsi modifié : « La responsabilité ci-dessus a lieu, à moins que les père et mère, les maîtres et les commettants, les instituteurs et les artisans ne prouvent qu'ils n'ont pu empêcher le fait qui donne lieu à cette responsabilité. »

APPENDICE

LÉGISLATION ÉTRANGÈRE

La question de la responsabilité civile des automobiles ne préoccupe pas seulement les jurisconsultes et les parlementaires français.

Elle a déjà été agitée en Belgique, en Autriche, en Allemagne.

Belgique

Une proposition de loi a été déposée au Sénat par MM. Magnette, Haurez, Fléchet, Kaessen.

Elle décharge la victime d'un accident du fardeau de la preuve, en présumant la faute du conducteur, mais réserve à ce dernier la preuve de la force majeure ou de la faute de la victime ; elle consacre donc la théorie de l'interversion de la preuve.

Dans l'exposé des motifs, M. Magnette indique les raisons qui ont déterminé ses collègues et lui à adopter cette théorie de préférence à celle du risque.

Les honorables sénateurs ont redouté qu'avec l'application du système du risque, les piétons ou les conducteurs de voitures hippomobiles, assurés de toucher toujours une indemnité au cas où ils seraient victimes d'un accident causé par des automobiles, négligent de prendre vis-à-vis de ces derniers les mesures de précaution que dicte la plus élémentaire prudence. « Il n'est pas possible d'accorder en quelque sorte une prime à l'imprudence, et s'il convient de rappeler par des dispositions sévères les automobilistes à la sagesse et au respect de la vie humaine, il n'est pas moins utile d'inciter à l'attention et d'habituer à un mode de locomotion essentiellement progressif les piétons et les conducteurs de véhicules autres que les automobiles. »

L'originalité de ce projet réside dans l'article 2, qui stipule que les indemnités dues à raison d'accidents provenant de la faute du conducteur seront portées au double. Cette idée de la double indemnité a été empruntée par M. Magnette au droit romain. Analysant les motifs qui ont pu guider le préteur romain à créer des actions au double, au triple, au quadruple, l'auteur du projet croit pouvoir les classer sous les rubriques suivantes : but préventif, protection d'un intérêt général, défense contre un danger exceptionnel, répression d'actes dont il est difficile de faire la preuve ou de retrouver les auteurs, inégalité des intérêts en conflit, et il conclut « que toutes ces situations se retrouvent dans la situation nouvelle créée par les progrès de l'automobilisme, les excès de vitesse, les imprudences qui en sont les conséquences ».

Cette peine du double, réminiscence du droit romain,

semblerait bien bizarre, si elle n'avait son utilité dans l'article 4 du projet.

D'après cet article, la moitié de l'indemnité portée au double est remise à la victime de l'accident, et l'autre est versée à une caisse commune d'assurances alimentée en outre par des cotisations perçues sur tous les propriétaires ou détenteurs d'automobiles dans la proportion de 5 0/0 du montant des contributions ou taxes quelconques auxquels ils sont astreints.

Comme dans le projet de MM. Colin et Messimy, le but de cette caisse dont l'État a la charge est de payer des indemnités aux victimes des accidents dont les auteurs demeurent inconnus, soit après entente amiable, soit à la suite d'une décision judiciaire (art. 4 et 5).

L'article 3 a trait à la responsabilité pénale ; il vise l'interdiction de conduire. Cette interdiction est prononcée contre l'automobiliste non pas à la suite de contraventions, mais après un accident. La durée de l'interdiction varie selon que l'automobiliste, a pour la première fois commis un accident, ou au contraire est récidiviste ; après une première condamnation, privation du permis pendant un an ; après une seconde, de trois ans ; après une troisième, l'autorisation de conduire est définitivement retirée.

Si pendant la période d'interdiction, l'automobiliste conduit sa machine ou la fait conduire par son conjoint, un de ses enfants, son père ou sa mère, son domestique, il est condamné à une amende de 26 francs à 3.000 francs, et à un emprisonnement de huit jours à deux ans ou à l'une de ces deux peines seulement. En cas de récidive, l'emprisonnement doit toujours être prononcé ; si au cours d'une deuxième récidive il y a eu mort d'homme ou blessure causée à la victime, l'automobiliste se voit confisquer son véhicule.

Autriche

C'est aussi le système de l'interversion de la preuve, que nous retrouvons dans le projet autrichien, adopté le 26 janvier 1907 par la Chambre des Représentants, et actuellement en discussion devant la Chambre des Seigneurs à laquelle il a été présenté pour la deuxième fois le 20 juin 1907.

Ce projet répartit les automobiles en deux catégories : ceux qui ne peuvent faire plus de 25 kilomètres à l'heure, et ceux qui sont susceptibles de dépasser cette vitesse.

Les propriétaires des premiers restent soumis au droit commun ; c'est des propriétaires des seconds seuls que le projet s'occupe.

L'article 1 établit la responsabilité du conducteur, du propriétaire ou de chaque copropriétaire, de l'entrepreneur si l'automobile est aux mains d'un entrepreneur, de celui qui s'est emparé de la voiture par un fait illicite.

La victime de l'accident n'a pas à prouver la faute de l'automobiliste ; c'est à ce dernier à faire la preuve soit d'un cas de force majeure, soit de la faute d'un tiers ou de la victime.

L'article 2 prend soin d'indiquer qu'il ne faut pas considérer comme force majeure l'hypothèse où l'accident est dû à l'état de l'automobile, ou à certaines particularités de son fonctionnement ou à son refus de fonctionner. Le but recherché par les auteurs du projet en rédigeant cet article 2, c'est, sans aucun doute, d'inviter les automobilistes à s'assurer que leur machine est en très bon état.

L'exception de force majeure est encore admise au cas où le dommage résulte de l'épouvante causée à des animaux (si par exemple un cheval, se cabrant au passage d'un automobile, blesse des personnes) ou s'il consiste dans la lésion d'animaux errant sans surveillance sur la voie publique, mais à la condition que l'automobiliste prouve que le dommage ne pouvait pas être empêché malgré les précautions réglementaires et de circonstances qu'il avait prises dans la conduite de sa voiture.

Allemagne

Le projet allemand a été présenté au Reichstag par le Chancelier de l'Empire, le 5 novembre 1907 et renvoyé à une commission de vingt et un membres chargée de l'examiner et de proposer s'il y a lieu des améliorations.

Comme le projet autrichien, il fait une distinction entre les automobiles qui peuvent et ceux qui ne peuvent pas dépasser une certaine vitesse, laquelle est déterminée par un décret impérial rendu avec l'agrément du Bundesrath.

Ses dispositions s'appliquent aux premiers seuls.

« Si, dit l'article 1, un automobile se trouvant en circulation, cause la mort d'un individu, ou blesse une personne, ou endommage un objet, son propriétaire *doit* réparer le préjudice.

« Si l'automobile est mis en circulation par un tiers, à l'insu ou sur la défense du propriétaire, le tiers est tenu à la réparation du dommage à la place du propriétaire. »

Comme on le voit à la lecture de cet article, il n'est pas question de faute : l'automobiliste doit réparer..., dès que sa victime a prouvé le rapport de cause à effet entre le dommage causé et le passage de l'automobile.

Mais, il dégage sa responsabilité, s'il démontre qu'il n'a commis aucune faute ou que l'accident n'est dû ni à un vice, ni à un dérangement dans le fonctionnement de sa machine. ou enfin que la victime a par sa faute contribué à l'aggravation du dommage (art. 3.)

C'est donc encore le système de l'interversion de la preuve que consacre ce projet.

Pour les cas où l'automobiliste est responsable, les articles 4 et 5 indiquent les règles à suivre pour l'évaluation de l'indemnité et l'article 6 va jusqu'à fixer le maximum d'indemnité à payer.

L'article 8 est relatif à la prescription de l'action en indemnité : deux ans à partir du jour où la victime a connu l'auteur de l'accident (dans le délai de un mois à partir du même jour la victime doit dénoncer l'accident au responsable), et sans égard à cette connaissance, trente ans du jour de l'accident.

Les articles 14 à 19 traitent de la délivrance du certificat de capacité, du retrait du certificat soit d'une manière définitive, soit temporairement, du recours ouvert contre le retrait d'autorisation (recours non suspensif) et des pénalités pour défaut de présentation ou de remise en cas de retrait.

Un premier projet présenté au Reichstag appliquait aux automobilistes les principes rigoureux concernant la responsabilité des compagnies de chemins de fer (loi du 7 juin 1877). L'automobiliste ne dégageait sa responsabilité qu'en prouvant un cas de force majeure ou une faute de la victime.

Le projet actuel est plus modéré, puisqu'il permet à l'automobiliste de s'exonérer de toute responsabilité en prouvant qu'il n'a lui-même commis aucune faute, et que l'accident n'est pas imputable à un vice ou à un dérangement de sa machine.

De l'examen de ces trois projets, il résulte qu'aucun d'eux ne met à la charge de l'automobiliste les cas fortuits ou de force majeure, et que seuls les projets belge et austro-hongrois lui imposent la preuve de la faute de la victime. Tous les trois consacrent le système de l'interversion de la preuve.

Il n'y a qu'en France, pays qui a vu l'automobilisme naître et se développer, que les juristes prétendent appliquer aux propriétaires le système du risque professionnel, dans l'unique but de lui faire supporter les cas fortuits ou de force majeure.

BIBLIOGRAPHIE

Planiol. — Traité élémentaire de Droit civil.

Demolombe. — Cours de Code Napoléon.

Sourdat. — Traité de la responsabilité civile.

Revue trimestrielle de Droit civil, 1906-1907.

Bulletin de la Société d'Etudes législatives, 1907-1908.

Revue politique et parlementaire, 1907.

Dalloz. — Jurisprudence générale.

Gazette du Palais.

Gazette des Tribunaux.

La Loi.

Journal des Juges de paix.

Les Lois et Sports.

Sainctelette. — Responsabilité des propriétaires et conducteurs d'automobiles en cas d'accidents.

Haber. — Thèse, 1903. L'automobile devant la loi.

Savoye. — Thèse, 1908. Responsabilité civile du propriétaire d'automobile.

Arnette. — Thèse 1908. Responsabilité du propriétaire
de véhicules.

Vu : le Président de la thèse,
WEISS

Vu et permis d'imprimer :
Le Vice-Recteur
L. LIARD

Vu : Le Doyen,
LYON-CAEN

Lemoine

TABLE DES MATIÈRES

Imp. de la librairie Giard et Brière, 16, Rue Soufflot, Paris

www.ingramcontent.com/pod-product-compliance
Ingram Content Group UK Ltd.
Pitfield, Milton Keynes, MK11 3LW, UK
UKHW020927140726
13695UKWH00003B/1015